许 博 主编

最新
篮球规则图解

化学工业出版社
·北京·

《最新篮球规则图解》以图解和真人演示的方式对国际篮球联合会发布的最新版篮球竞赛规则进行了详细解读，同时添加了国际篮球协会于2017年对该规则的改动说明以及NBA规则与FIBA规则的对照说明。

《最新篮球规则图解》全面而系统地将最新版篮球规则和裁判方法的主要条款进行了诠释。书中编写内容从基本执裁要素入手，结合优秀裁判员的实践经验，将新旧规则进行对比，帮助教练员更好地展现出指挥才能，帮助运动员更好地发挥出技术水平，帮助裁判员更好地表现出执裁能力。

《最新篮球规则图解》可作为裁判员和广大裁判爱好者学习篮球规则、裁判法的辅导用书，也可作为广大篮球爱好者提高竞技水平和欣赏水平的参考资料。

图书在版编目（CIP）数据

最新篮球规则图解/许博主编．—北京：化学工业出版社，2017.7（2022.4重印）
ISBN 978-7-122-29936-9

Ⅰ.①最⋯　Ⅱ.①许⋯　Ⅲ.①篮球运动–竞赛规则–图解　Ⅳ.①G841.4-64

中国版本图书馆CIP数据核字（2017）第135610号

责任编辑：宋　薇　　　　　　　　　　装帧设计：张　辉
责任校对：吴　静

出版发行：化学工业出版社（北京市东城区青年湖南街13号　邮政编码100011）
印　　装：北京印刷集团有限责任公司
710mm×1000mm　1/16　印张10¼　字数188千字　2022年4月北京第1版第5次印刷

购书咨询：010-64518888　　　　　　　　售后服务：010-64518899
网　　址：http://www.cip.com.cn
凡购买本书，如有缺损质量问题，本社销售中心负责调换。

定　　价：49.80元　　　　　　　　　　　　　　　　版权所有　违者必究

前 言

《最新篮球规则图解》是对国际篮球联合会发布的最新版篮球竞赛规则、裁判方法和国际篮联技术委员会对该规则的解释等资料进行梳理编写而成的，书中的内容全面而系统地将最新版篮球规则和裁判方法的主要条款进行了诠释和解答。为了便于篮球爱好者和篮球裁判员更深入了解，书中还特别添加了NBA规则与FIBA规则的对照说明。

《最新篮球规则图解》在编写过程中从初级篮球裁判员的角度出发，尝试从初学者视角将篮球规则中的细节进行剖析，从基本执裁要素入手，结合优秀裁判员的实践经验，将新旧规则进行对比，直击教练员、运动员、裁判员最关心的篮球比赛执裁核心要素，为读者提供在裁判实践过程中的理论基础、规则依据和直接经验。

为了帮助教练员、运动员、裁判员掌握、理解、运用最新版的篮球规则，书中还以图解的方式对于一些比赛中容易出现判罚争议的规则条款进行了详细解读，以使篮球比赛参与者面对赛场上出现的问题时能够更加从容、准确地进行处理，发挥出教练员的指导才能、展现出运动员的技术水平，表现出裁判员的执裁能力。

《最新篮球规则图解》可作为裁判员和广大裁判爱好者学习篮球规则、裁判法的辅导用书，也可作为广大篮球爱好者提高竞技水平和欣赏水平的参考资料。

《最新篮球规则图解》由许博担任主编，参与编写工作的有：张琦、尚磊、王粟、田奥、邵兴泰、吴大才等。

书中若有不妥之处，恳请广大读者批评指正。

编 者
2017年7月

目 录 CONTENTS

第一章　比赛 ··· 1
　　第1条　定义 ··· 2

第二章　球场和器材 ······································· 3
　　第2条　球场 ·· 4
　　第3条　器材 ·· 17

第三章　球队 ·· 19
　　第4条　球队 ·· 20
　　第5条　队员受伤 ··· 23
　　第6条　队长职责和权力 ································ 24
　　第7条　教练员职责和权力 ···························· 24

第四章　比赛通则 ·· 26
　　第8条　比赛时间、比分相等和决胜期 ············ 27
　　第9条　比赛或节的开始或结束 ····················· 28
　　第10条　球的状态 ··· 29
　　第11条　队员和裁判员的位置 ······················· 31
　　第12条　跳球和交替拥有 ······························ 31
　　第13条　如何打球 ··· 34
　　第14条　控制球 ·· 34
　　第15条　队员正在做投篮动作 ······················· 35

第16条　球中篮和它的得分值 ············ 36
第17条　掷球入界 ············ 37
第18条　暂停 ············ 39
第19条　替换 ············ 42
第20条　比赛因弃权告负 ············ 44
第21条　比赛因缺少队员告负 ············ 45

第五章　违例 ············ 46

第22条　违例 ············ 47
第23条　队员出界和球出界 ············ 47
第24条　运球 ············ 48
第25条　带球走 ············ 52
第26条　3秒钟 ············ 55
第27条　被严密防守的队员 ············ 56
第28条　8秒钟 ············ 59
第29条　24秒钟 ············ 60
第30条　球回后场 ············ 64
第31条　干涉得分和干扰得分 ············ 66

第六章　犯规 ············ 71

第32条　犯规 ············ 72
第33条　接触的一般原则 ············ 72
第34条　侵人犯规 ············ 89
第35条　双方犯规 ············ 90
第36条　违反体育道德的犯规 ············ 91
第37条　取消比赛资格的犯规 ············ 93
第38条　技术犯规 ············ 94

第39条　打架 ················· 97

第七章　一般规定 ················· 101

第40条　队员5次犯规 ············· 102
第41条　全队犯规的处罚 ··········· 102
第42条　特殊情况 ················· 103
第43条　罚球 ····················· 104
第44条　可纠正的失误 ············· 106

第八章　裁判员、记录台人员和技术代表 ···109

第45条　裁判员、记录台人员和技术代表
　　　　的职责和权力 ············· 110
第46条　主裁判员的职责和权力 ····· 110
第47条　裁判员的职责和权力 ······· 113
第48条　记录员和助理记录员的职责 · 114
第49条　计时员的职责 ············· 115
第50条　进攻计时员的职责 ········· 116

附录1　排名规则变化 ················· 119

附录2　裁判员手势变化 ··············· 121

附录3　裁判法的变化 ················· 135

附录4　三人篮球规则 ················· 137

第1条　场地和用球 ················ 138
第2条　球队 ······················ 138
第3条　比赛裁判 ·················· 138
第4条　比赛开始 ·················· 138

第5条　得分 ·························· 141

第6条　比赛时间/胜者 ················· 142

第7条　犯规/罚球 ······················ 143

第8条　如何打球 ······················· 147

第9条　拖延比赛 ······················· 151

第10条　换人 ·························· 151

第11条　暂停 ·························· 152

第12条　抗议程序 ······················ 152

第13条　队伍排名 ······················ 153

第14条　种子队的规定 ·················· 154

第15条　取消比赛资格 ·················· 154

国际篮球联合会（International Basketball Federation，FIBA）一直致力于推广篮球运动、提升篮球运动的影响力，继2010年国际篮球联合会修改限制区形状、3分线距离、增设无撞人半圆区之后，2014年2月，在西班牙巴塞罗那，通过了国际篮球联合会技术委员会提交的新版篮球规则。2014年5月，国际篮球联合会正式公布了2014年篮球规则，并宣布新的篮球规则于2014年10月1日起施行。

本书主要参考《Official Basketball Rules 2014》和由中国篮球协会审定的《篮球规则（2014年最新版）》。

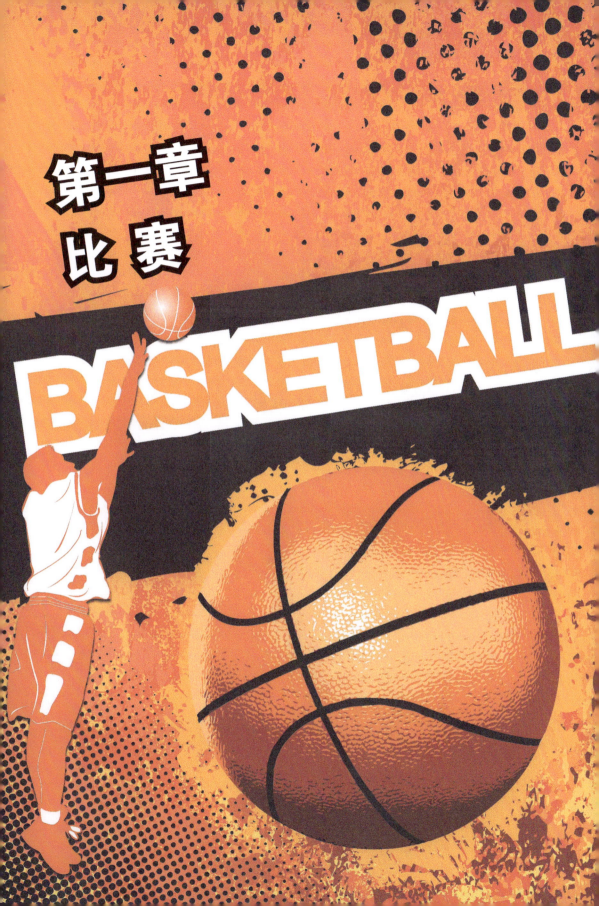

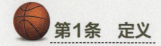

第1条 定义

1.1 篮球比赛

篮球比赛由两个队参加，每队出场5名队员。每队的目标是在对方球篮得分，并阻止对方队得分。

篮球比赛由裁判员、记录台人员和技术代表（如到场）管理。

1.2 球篮：本方/对方

被某队进攻的球篮是对方的球篮，由某队防守的球篮是本方的球篮。

1.3 比赛的胜者

在比赛时间结束时得分较多的队，将是比赛的胜者。

第二章
球场和器材

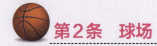 第2条 球场

2.1 比赛场地

比赛场地应是一块平坦且无障碍物的硬直表面,其尺寸是长28米、宽15米,从界线的内沿丈量。

第二章 球场和器材

 区别

2.1 NBA球场长为28.65m,宽为15.24m。

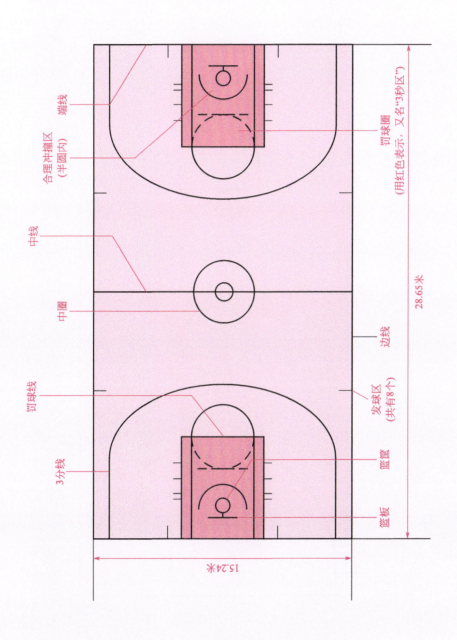

2.2 后场

某队的后场由该队本方球篮、篮板界内部分以及由该队本方球篮后面的端线、两条边线和中线所限定的比赛场地部分组成。

2.3 前场

某队的前场由对方球篮、篮板界内部分以及对方球篮后面的端线、两条边线和距对方球篮最近的中线内沿所限定的比赛场地部分组成。

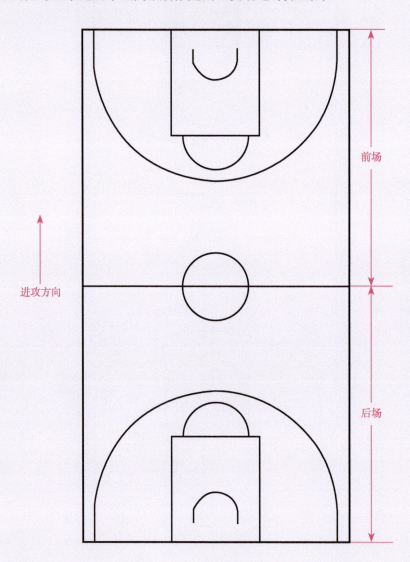

第二章 球场和器材

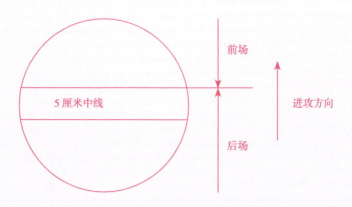

2.4 线

所有的线应用白色或其他反差色画出，宽5厘米并清晰可见。

> *2017规则修改提示：*
>
> 所有的线应颜色相同，且应画为白色或其他能明显区分的颜色。

2.4.1 界线

比赛场地由两条端线和两条边线组成的界线所限定。这些线不是比赛场地的部分。任何障碍物包括在球队席就座的人员距比赛场地应至少2米。

最新篮球规则图解

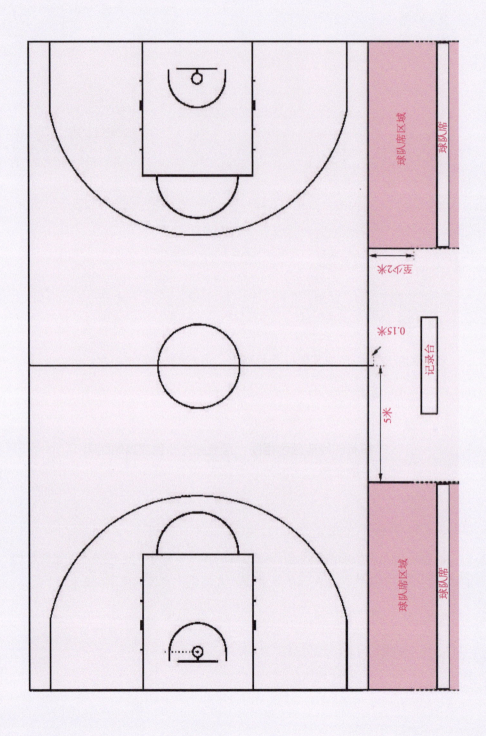

2.4.2 中线、中圈和罚球半圆

中线应从两边线的中点画出并平行于两端线。它向每条边线外延伸0.15米。中线是后场的一部分。

中圈应画在比赛场地的中央,半径为1.8米(从圆周的外沿丈量)。如果中圈里面着色,它必须与限制区内的颜色相同。

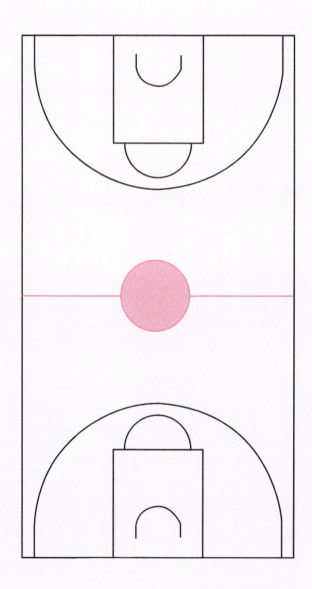

两个罚球半圆应画在比赛场地上，半径为1.8米（从圆周的外沿丈量），它的圆心在两条罚球线的中点上。

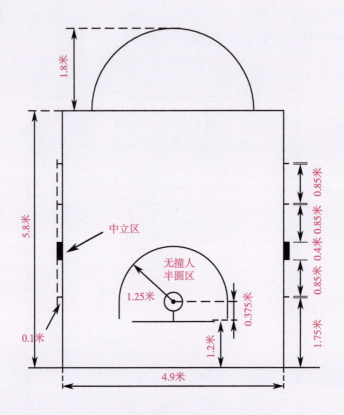

2.4.3 罚球线、限制区和抢篮板球分位区

罚球线应画成与每条端线平行。从端线内沿到它的最外沿应为5.80米，其长度为3.60米。它的中点应落在连接2条端线中点的假想线上。

限制区应是画在比赛场地上的一个长方形区域，它由端线、延长的罚球线和起自端线（外沿距离端线的中点2.45米）终于延长的罚球线外沿的线所限定。除端线外，这些线都是限制区的一部分。

罚球时留给队员的沿限制区两侧的抢篮板球分位区，应标出。

第二章 球场和器材

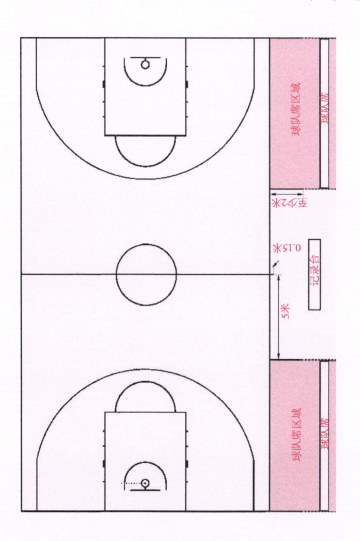

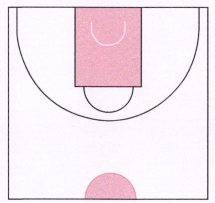

端线的中点

2.4.4 3分投篮区域

某队的3分投篮区域是除对方球篮附近被下述条件限制出的区域之外的整个比赛场地的地面区域。这些条件如下。

● 从端线引出的两条垂直于端线的平行线，其外沿距离边线的内沿0.90米，半径6.75米。

2.4.4 NBA的3分投篮区为以7.24m为半径的圆弧相交的以外区域。

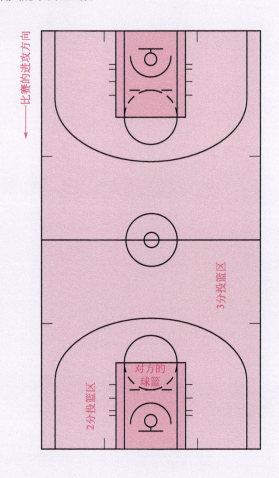

第二章 球场和器材

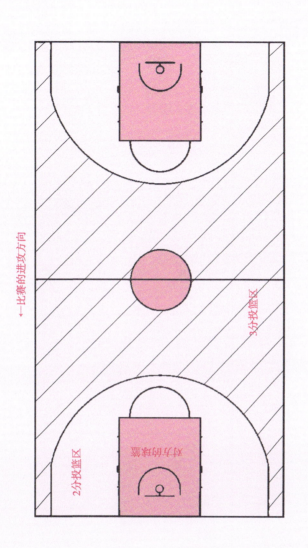

球篮中心正下方场地上的点为原点，画一个半径（圆弧外沿）是6.75米的圆弧。

● 以对方球篮中心正下方场地上的点为原点，画一个半径（圆弧外沿）是6.75米的圆弧。此圆心距离端线的内沿是1.575米，且该圆弧与两平行线相交。

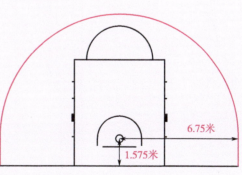

最新篮球规则图解

特别提示：3分线不是3分投篮区的一部分。

3分线外沿以内投中的球，都得2分。

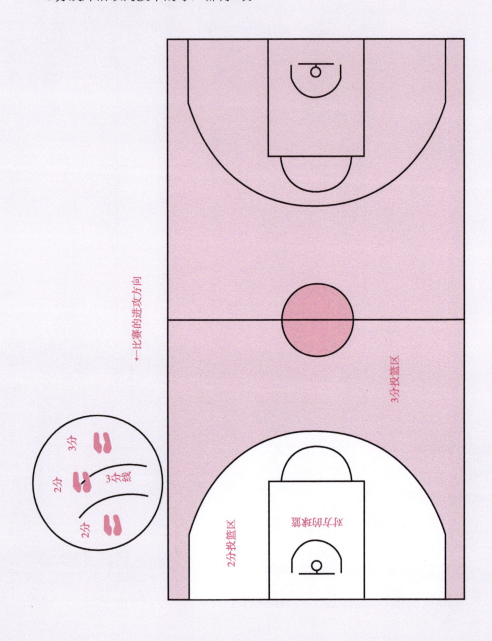

2.4.5 球队席区域

球队席区域应由2条线在场外画出。

球队席区域内必须有16个座位提供给球队席人员使用。球队席人员包括教练员、助理教练员、替补队员、出局的队员和随队人员。任何其他人员应在球队席后面至少2米处。

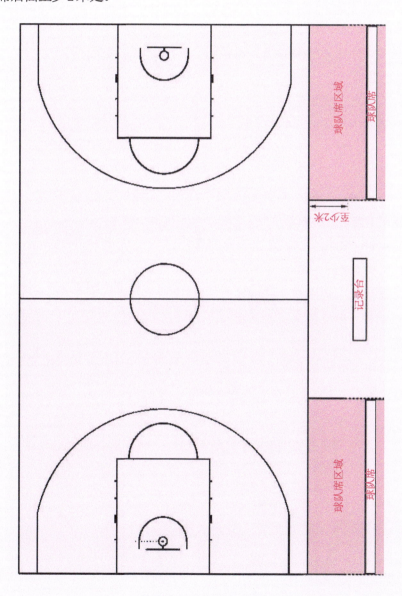

2.4.6 掷球入界线

两条0.15米长的掷球入界线应画在记录台对侧、比赛场地外的边线上,其外沿距离最近端线内沿是8.325米。

2.4.7 无撞人半圆区

无撞人半圆区是一个半径为1.25米的半圆形,1.25米这个距离是篮圈中点在地面的映射位置到界线内侧的距离。

两条垂直于底线的平行线,内边距离篮圈中点在地面的映射位置1.25米,长0.375米,距底线1.2米。

新旧规则差异:

● 新规则:无撞人半圆区的线是无撞人半圆区的一部分。

旧规则:无撞人半圆区的线不是无撞人半圆区的一部分。

● 新规则:防守队员一脚或双脚触及无撞人半圆区就是在无撞人半圆区。

旧规则:防守队员双脚完全在无撞人半圆区内才是队员在无撞人半圆区。

特别提示: 新规则相当于扩大了无撞人半圆区的长度(大约0.5米)。

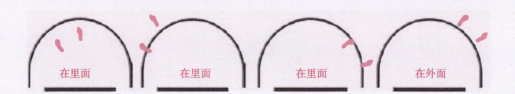

2.5 记录台和替换椅子的位置

记录台和记录台使用的椅子必须在一个平面上,比赛解说员和(或者)统计员可坐在记录台的一侧和(或者)后面。

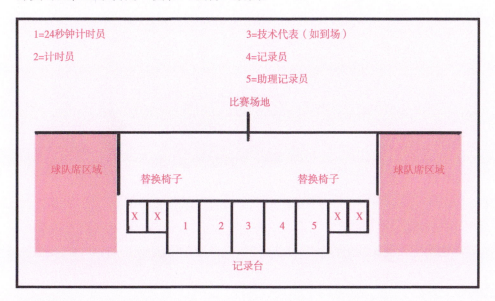

 第3条 器材

- 挡件。
- ☆ 篮板。
- ☆ 含有抗压篮圈和篮网的球篮。
- ☆ 篮板支撑构架(包括包扎物)。
- 篮球。
- 比赛计时钟。
- 记录板。
- 24秒计时钟。
- 供暂停计时的计秒表或适宜的(可见的)装置(不是比赛计时钟)。
- 两个独立的、显然不同的、非常响亮的信号。
- 记录表。

最新篮球规则图解

- 队员犯规标志牌。
- 全队犯规标志牌。
- 交替拥有指示器。
- 比赛地板。
- 比赛场地。
- 足够的照明。

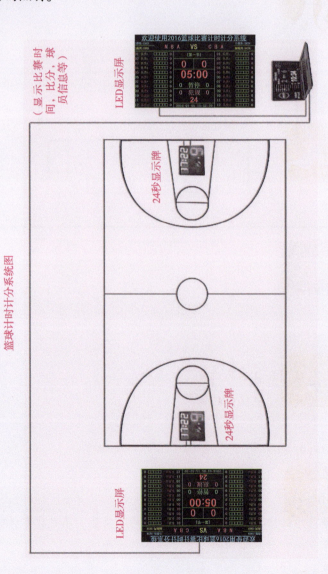

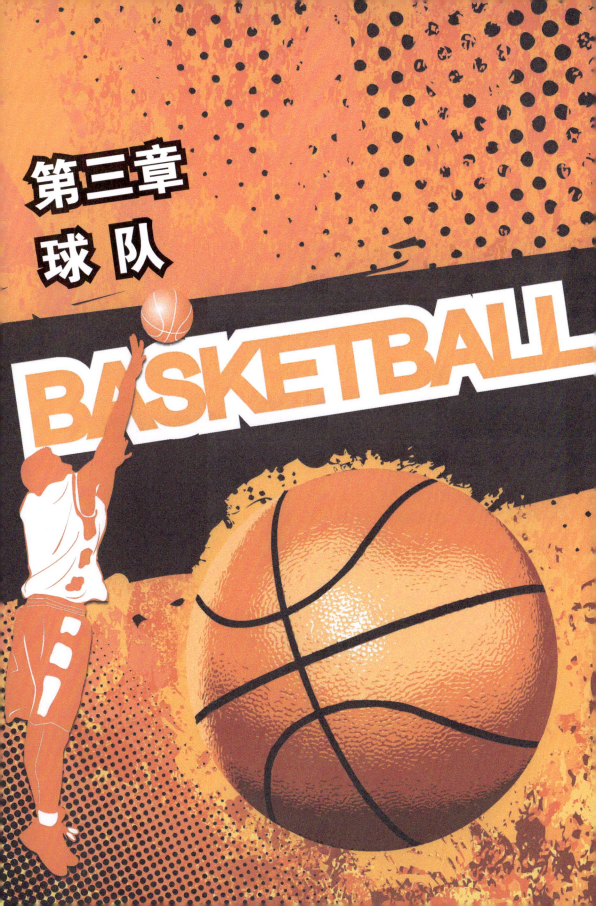

第4条 球队

4.1 定义

4.1.1 当1名球队成员按照竞赛组织部门的规程（包括年龄限制）已被批准为某队参赛，他是合格参赛的球队成员。

4.1.2 当1名球队成员的姓名在比赛开始前已被登记在记录表上，并且他既没有被取消比赛资格，又没有发生5次犯规，是有资格参赛的球队成员。

4.1.3 在比赛时间内，1名球队成员的身份如下。

- 当他在比赛场地上，并且有资格参赛时，是1名队员。
- 当他未在比赛场地上，但他有资格参赛时，是1名替补队员。
- 当他已发生5次犯规，并且不再有资格参赛时，是1名出局的队员。

4.1.4 在比赛休息期间，所有有资格参赛的球队成员被认为是队员。

4.2 规定

4.2.1 每个队应按下列要求组成。

- 不超过12名有资格参赛的球队成员，包括1名队长。
- 1名教练员，如果球队需要，可有1名助理教练员。
- 最多7名有专门职责的随队人员可坐在球队席上，如球队管理、医生、理疗师、统计员、翻译等。

4.2.2 在比赛时间内，每队应有5名队员在场上并可被替换。

4.2.3 1名替补队员成为队员且1名队员成为替补队员的条件如下。

- 当裁判员招呼替补队员进入比赛场地时。
- 在暂停或比赛休息期间，1名替补队员向记录员请求替换时。

4.3 服装

4.3.1 球队成员的着装应符合下述要求。

- 背心前后的主要颜色相同。
- 所有队员必须把背心塞进比赛短裤内。允许穿连体的服装。

- 短裤前后的主色相同,但没必要与背心的颜色相同。
- 球队所有队员应穿主色相同的短袜。

4.3.2 每1名球队成员应穿前后有号码的背心,其清楚的单色号码与背心的颜色有明显的区别。号码应清晰可见且符合以下要求。

- 后背的号码应至少高20厘米。
- 前胸的号码应至少高10厘米。
- 号码应至少宽2厘米。
- 球队应使用0号、00号和1~99号。
- 同队队员不应佩戴相同的号码。
- 任何广告或标识离号码应至少5厘米。

新旧规则差异：

新规则：允许使用0号、00号和1～99号。

旧规则：只允许使用4～15号。

> **特别提示：** 新规则的裁判手势与旧规则的裁判手势的区别在于16～19号的打法，分两个节拍与20号以上的号码打法统一起来，10～15号的打法不变。

4.3.3 球队必须至少有两套背心，并且符合以下要求。

● 秩序册中队名列前的队（主队或"A"队）应穿浅色背心（最好白色）。

● 秩序册中队名列后的队（客队或"B"队）应穿深色背心。

但是，如果两队同意，他们可以互换背心的颜色。

4.4 其他装备

4.4.1 队员使用的所有装备必须合乎比赛要求。任何被设计成增加队员高度或能及的范围，或用任何其他方法得到不正当利益的装备是不允许的。

4.4.2 队员不应佩戴可能使其他队员受伤的装备（物品）。

（1）下列物品不允许。

● 手指、手、手腕、肘或前臂部位的护具、模件或保护套，它们由皮革、塑料、软塑料、金属或任何其他坚硬的物质制造，即使表面有软的包扎。

● 能割破或引起擦伤的物品（指甲必须剪短）。

● 头饰、头发饰物和珠宝饰物。

（2）下列物品是允许的。

● 肩、上臂、大腿或小腿部位的保护装备，如果其制作材料被充分地包裹了。

● 与背心主色相同的弹力护肘。

● 与短裤主色相同的弹力长筒袜。如用于护大腿，则要高于膝盖；如用于护小腿，则要低于膝盖。

● 被适当包扎的膝部保护架。

● 伤鼻保护器，即使用硬质材料制成。

第三章 球队

- 不会对其他队员造成危险的眼镜。
- 无色透明的牙套。
- 由不会发生擦伤的单色棉布、软塑料或橡胶制成的头带，最宽是5厘米。
- 无色透明的手臂、肩膀及腿部的运动贴布。

4.4.3 比赛中，任何商业广告、促销产品或慈善团体的名称、标记、徽标或其他标识，包括上面提到的但不限于这些，都不允许显示在队员的肢体上、头发中和其他部位上。

4.4.4 本条款中没有明确提到的任何其他装备，必须被国际篮联技术委员会批准。

第5条 队员受伤

5.1 如果队员受伤，裁判员可以停止比赛。

5.2 如果球是活球时发生了受伤情况，裁判员应等到控制球队投篮、失去控制球、持球停止进攻或球成死球时才能鸣哨。但是，当有必要去保护受伤队员时，裁判员可立即停止比赛；如果受伤队员不能立即（大约15秒钟）继续比赛，或如果他接受治疗，他必须被替换。

5.3 除非该队场上队员被减到少于5名。

5.4 球队席人员经裁判员允许可进入比赛场地，在受伤队员被替换前照料他。

5.5 如果医生判断受伤队员需要即时治疗，医生不经裁判员允许可进入比赛场地。

5.6 比赛期间，正在流血或有伤口的队员必须被替换。该队员只有在流血已经停止并且受伤部位或伤口已被全面安全地包扎后，才可返回比赛场地。如果在记录员发出替换信号之前，任一队获得了暂停，在此期间，该受伤队员或任一名正在流血或有伤口的队员恢复了，该队员可继续比赛。

5.7 已经被教练员指定为比赛开始时上场的队员如果受伤了，他可以被替换。在这种情况下，如果对方也希望替换，他们有权替换相同数量的队员。

> **特别提示：** 新规则增加了一种特殊情况可以允许的队员替换。
>
> 罚球之间出现队员受伤（流血、开放性伤口），受伤队员允许被替换，可以替换的队员如下。
>
> ● 罚球队员本身的替换。
>
> 若罚球队员第一次罚球后被裁判员判为受伤替换，那么替换队员替受伤队员罚第二次球。
>
> ● 非罚球队员的替换。
>
> 以上两种替换，对方队可请求同等数量的替换。

 第6条　队长职责和权力

6.1　队长（CAP）是1名由教练员指定的在比赛场地上代表他球队的队员。在比赛期间，他可与裁判员联系以获得信息，做此举要有礼貌，但是只能在球成死球和比赛计时钟停止时。

6.2　如果球队抗议比赛的结果，队长应在比赛结束时立即通知主裁判员并在记录表上标有"球队抗议队长签名"栏内签名。

 第7条　教练员职责和权力

7.1　至少在预定的比赛开始前20分钟，每位教练员或他的代表应将该场比赛中合格参赛的球队成员的姓名和相应的号码，以及球队的队长、教练员和助理教练员的名单交给记录员。所有在记录表上填入姓名的球队成员有权参加比赛，即使他们在比赛开始后才到达。

7.2　至少在预定的比赛开始前10分钟，每位教练员应以在记录表上签字来确认已填入的他球队成员的姓名、相应号码和教练员的姓名。同时，他应指明比赛开始上场的5名队员。"A"队教练员应首先提供此资料。

第三章 球队

7.3 只允许球队席人员坐在球队席和停留在他们的球队席区域内。

7.4 教练员或助理教练员可在比赛期间去记录台获得统计资料，但是只能在球成死球和比赛计时钟停止时。

7.5 只允许教练员或者助理教练员其中 1 人在比赛期间保持站立。在比赛期间，他们可与队员们讲话，只要他停留在他们的球队席区域内。助理教练员不得与裁判员讲话。

7.6 如果有助理教练员，他的名字必须在比赛开始前填入记录表内（不需要他签字）。如果教练员因任何原因不能继续工作，他应承担教练员的所有职责和权力。

7.7 当队长离开比赛场地时，教练员应通知裁判员担任场上队长的队员号码。

7.8 如果没有教练员，或如果教练员不能继续工作，并且记录表内没有填入助理教练员（或后者不能继续工作），队长应担任教练员。如果队长必须离开比赛场地，他可以继续担任教练员。如果他在取消比赛资格的犯规后必须离开，或因为受伤不能担任教练员，替换他的队员替代他当教练员。

7.9 在规则没有限定罚球队员的所有情况中，教练员应指定本队的罚球队员。

第8条 比赛时间、比分相等和决胜期

8.1 比赛应由4节组成，每节10分钟。

8.1 NBA每一节常规比赛时间均为12分钟。

8.2 在预定的比赛开始之前，应有20分钟的比赛休息期间。

8.2 NBA 在第1节和第2节之间、第3节和第4节之间以及每一加时赛之间都应有130秒的比赛休息时间。

8.3 在第1节和第2节（上半时）之间、第3节和第4节（下半时）之间，以及每一决胜期之前，应有2分钟的比赛休息期间。

8.4 两个半时之间的比赛休息期间应是15分钟。

8.5 一次比赛休息期间开始于：
- 比赛的预定开始之前20分钟。
- 当结束1节的比赛计时钟信号响时。

8.6 1次比赛休息期间结束于：
- 在第1节开始的跳球中，当球离开主裁判员的手时。
- 所有其他节的开始，当掷球入界队员可处理球时。

8.7 如果第4节比赛时间结束时比分相等，比赛有必要再继续1个或几个

5分钟的决胜期来打破平局。

> **2017规则修改提示：**
> 8.7 对于主客场总得分制的系列比赛，如果在第2场比赛的第4节比赛时间结束时，两队两场比赛得分的总和相等，比赛有必要再继续一个或几个5分钟的决胜期来打破平局。

8.8 如果结束比赛时间的比赛计时钟信号响时，或恰好之前发生了犯规，在比赛时间结束之后应执行最后的罚球。

8.9 如果作为罚球的结果需要一个决胜期，那么，在比赛时间结束后发生的所有犯规应被视为在比赛休息期间发生的，在决胜期开始之前应执行罚球。

8.10 明确比赛计时钟信号响的同时出现犯规带来罚球时，比赛休息期间从罚球结束之后开始。

8.11 增加对下半时的最后2分钟每队暂停数量的限制：

● 下半时暂停数量不变，第4节的最后2分钟每队最多只能暂停2次（联赛特殊规定短暂停除外），如果第4节最后2分钟还未请求下半时的第1次暂停，则记录员应将第1格用双黄线划掉。

● 以准予暂停的时间为准，不以请求暂停的时间为准。

8.12 进攻计时钟规则：

● 某队进攻，球因任何原因触及对方篮圈后，如果再次获得控制球的球队仍然是该队，则进攻计时钟应复位到14秒。

● 球传在界外上空，防守队员救球，进攻计时钟操作的两个节点：注意救球时"拍"和"抓住"的区别。

第9条　比赛或节的开始或结束

9.1 在跳球中，当球离开主裁判员的手时第1节开始。

9.2 所有其他节开始时,当掷球入界队员可处理球时,该节开始。

9.3 如果某一队在比赛场地上准备比赛的队员不足5名,比赛不能开始。但下半时开始因为各种原因,一方不足5人参赛,比赛应该继续,且能有5人参加的队应始终保持5人。

> **特别提示**:新规则进一步明确了关于少于5人比赛的实际问题的处理要点。

9.4 对所有的比赛,在秩序册中队名列前的队(主队或"A"队)应拥有记录台(面对比赛场地)左侧的球队席和本方球篮。但是,如果两队同意,他们可互换球队席和(或)球篮。

9.5 在第1节和第3节前,球队有权在对方的球篮所在的半场做赛前准备活动。

9.6 球队下半时应交换球篮。

9.7 在所有的决胜期中,球队应继续进攻与第4节比赛方向相同的球篮。

9.8 当结束比赛时间的比赛计时钟信号响时,一节、决胜期或比赛应结束。当篮板四周装有光带时,光带信号应优先于比赛计时钟信号。

第10条 球的状态

10.1 球可以是活球或死球。

10.2 当如下情形发生时,球成活球:
- 跳球中,球离开裁判员抛球的手时。
- 罚球中,罚球队员可处理球时。
- 掷球入界中,掷球入界队员可处理球时。

10.3 当如下情形发生时,球成死球:
- 任何投篮或罚球中篮时。
- 活球中,裁判员鸣哨时。

- 在一次罚球中球明显不会进入球篮，且该次罚球后接着有：
  ☆ 另一次或多次罚球时。
  ☆ 进一步的罚则（罚球和或掷球入界）时。
- 比赛计时钟信号响以结束每节时。
- 某队控制球24秒计时钟信号响时。
- 投篮中飞行的球在下述情况后被任一队的队员触及时：
  ☆ 裁判员鸣哨。
  ☆ 比赛计时钟信号响以结束每节。
- 24秒钟装置信号响。

10.4　当发生如下情形时，球不成死球：

- 当投篮的球在飞行中，并且：
  ☆ 裁判员鸣哨时。
  ☆ 比赛计时钟信号响以结束每节时。
  ☆ 24秒钟装置信号响时。
- 罚球的球在飞行中，裁判员因除罚球队员之外的任何规则违反而鸣哨时。
- 对方队员在做投篮动作并控制着球时，1名队员对任何对方队员犯规，并且他以连续运动完成犯规发生前已开始的投篮。

若球不成死球，如中篮则计得分，但在裁判员鸣哨后做了一个全新的投篮动作，或1名队员在做连续的投篮动作中，结束一节的比赛计时钟信号响起或24秒计时钟信号响起时，此规定不适用，并且如中篮不计得分。

10.5　明确了临场几种情况应判争球：

> **2017规则修改提示：**
>
> "24秒计时钟"改为"进攻计时钟"。

> **特别提示**：新规则进一步明确了以下几种临场状况下应判罚争球。

- 持球跳起传球或投篮，被对方封盖且封盖双方都一直有一只手或双手在球上，视为空中形成争球，应宣判争球。
- 双方在空中紧握住球，球落地时一方队员落在界外，视为空中形成争球，应宣判争球。
- 一方队员持球从自己的前场跳起，在空中被对方封盖且双方一直有一只手或双手在球上，然后落在了自己的后场，视为空中形成争球，应宣判争球。
- 一方队员持球向球篮做投篮得分尝试的连续动作，对方一只手握在球上，导致该队员出现走步，视为争球在先，应宣判争球。

第11条　队员和裁判员的位置

11.1　1名队员的位置由他正接触着的地面所确定。当队员跳起在空中时，他保持当他最后接触地面时所拥有的相同位置，包括界线、中线、3分线、罚球线、标定限制区的各线和标定无撞人半圆区的各线。

11.2　1名裁判员位置的确定方法与1名队员的位置确定方法相同。当球触及裁判员时，如同触及裁判员所位于的地面一样。

第12条　跳球和交替拥有

12.1　定义

12.1.1　在第1节开始时，1名裁判员在中圈且在任何2名互为对方的队员之间将球抛起，一次跳球发生。

12.1.2　当双方球队各有1名或多名队员有一只手或两只手紧握在球上，以致不采用粗野动作任一队员都不能控球时，一次争球发生。

12.2　跳球程序

12.2.1　每一跳球队员的双脚应站立在靠近该队本方球篮的中圈半圆内，

一脚靠近中线。

12.2.2 如果1名对方队员要求占据其中一个位置，同队队员不得围绕圆圈占据相邻的位置。

12.2.3 裁判员应在2名互为对方的队员之间将球向上（垂直地）抛起，其高度超过任一队员跳起能达到的高度。

12.2.4 在球到达上升的最高点后，球必须被一名或两名跳球队员用手拍击。

> **2017规则修改提示：**
>
> 12.2.4 在球到达上升最高点后，球必须被至少一名跳球队员用手拍击。

12.2.5 在球被合法拍击前，任一跳球队员都不应离开他的位置。

12.2.6 在球触及非跳球队员或地面前，任一跳球队员都不得抓住球或拍击球超过2次。

12.2.7 如果球未被至少1名跳球队员拍击，则应重新跳球。

12.2.8 在球被拍击前，非跳球队员的身体不得在圆圈上或圆圈（圆柱体）上方。

违反12.2.1、12.2.4、12.2.5、12.2.6 和12.2.8 是违例。

12.3 跳球情况

当发生如下情形时，发生1次跳球：

- 宣判了1次争球时。
- 球出界，但是裁判无法判定谁是最后触及球的队员或意见不一致时。
- 在最后1次或仅有1次不成功的罚球中，双方队员发生违例时。
- 一个活球夹在篮圈和篮板之间时（罚球之间除外）。

> **2017规则修改提示：**
>
> 一个活球夹在篮圈和篮板之间时（罚球之间和最

第四章　比赛通则

> 后一次或仅有一次罚球之后还有记录台对侧的中线延长线掷球入界除外）。

- 任一队既没有控制球又没有球权，球成死球时。
- 在抵消了双方球队的相等罚则后，没有留下其他要执行的犯规罚则，以及在第一次犯规或违例之前，任一队既没有控制球也没有球权时。
- 除第1节外，所有节将开始时。

12.4　交替拥有

12.4.1　交替拥有是以掷球入界而不是以跳球来使球成活球的一种方法。

12.4.2　交替拥有掷球入界：

开始于：掷球入界队员可处理球时。

结束于：

- 球触及场上队员或被场上队员合法触及时。
- 掷球入界队发生违例时。
- 掷球入界中活球夹在篮圈与篮板之间时。

12.4　NBA 第一节比赛开始执行跳球，获得球权的球队第4节比赛开始时掷界外球，第2节和第3节比赛开始时，另一球队掷界外球。比赛中出现争球时执行跳球。

12.5　交替拥有程序

12.5.1　在所有跳球情况中，双方球队将交替拥有在最靠近发生跳球情况的地点掷球入界权。

12.5.2　在跳球后未在场上获得控制活球的队应拥有第一次交替拥有球权。

12.5.3　在任一节结束时，对下一次交替拥有有权的队应在记录台对侧的中线延长线以掷球入界开始下一节，除非有进一步的罚球和球权罚则要进行。

12.5.4　应由指向对方球篮的交替拥有箭头来指明对交替拥有掷球入界有权的队。当交替拥有掷球入界结束时，交替拥有箭头的方向立即反转。

12.5.5　某队在它的交替拥有掷球入界中违例，使该队失掉交替拥有掷球入界。交替拥有箭头应立即反转，指明违例队的对方在下一次跳球情况中对交替拥有掷球入界有权。将球判给违例球队对方在最初的掷球入界地点掷球入界继续比赛。

12.5.6　在除第1节之外的其他每节开始前，或交替拥有掷球入界中，任一球队犯规不使掷球入界队失掉该交替拥有掷球入界权。

第13条　如何打球

13.1　定义

在比赛中，球只能用手来打，并且球可向任何方向传、投、拍、滚或运，但受本规则的限制。

13.2　规定

队员不能带球跑、故意踢或用腿的任何部分阻挡球或用拳击球。

球意外地接触到腿的任何部分，或腿的任何部分意外地触及球，不是违例。

违反13.2是违例。

第14条　控制球

14.1　定义

当某队1名队员在控制活球中正拿着或运着一个活球，或可处理一个活球时，球队控制球开始。

> **2017规则修改提示：**
> 球队控制球开始于该队一名队员正拿着或运着一个活球，或者可处理一个活球时。

14.2 规定

14.2.1 当如下情形发生时，球队继续控制球：
- 某队一名队员控制一个活球时。
- 球在同队队员之间传递时。

14.2.2 当如下情形发生时，球队控制球结束：
- 一名对方队员获得控制球时。
- 球成死球时。
- 在投篮或罚球中，球已经离开队员的手时。

第15条　队员正在做投篮动作

15.1 定义

投（投篮或罚球）：队员手中持球，然后向对方球篮将球掷入空中。

拍：用手直接把球打向对方球篮。

扣：用一手或双手迫使球向下进入对方球篮。

拍和扣也被认为是投篮。

15.2 规定

15.2.1 投篮动作

开始于：队员通常在球离手前开始做投篮连续动作，根据裁判员的判断，他已经向对方的球篮投、拍或扣球，开始得分尝试时。

结束于：球已离开队员的手时，如果是跳起在空中的投篮队员，他必须双脚落回地面。

虽然投篮队员被认为是在做得分尝试，但他的手臂可能被对方队员抓住，以此来阻碍他得分。在这种情况下，球是否离开队员的手不是关键因素。

在跑动的合法步数和投篮动作之间没有联系。

15.2.2 投篮动作中的连续运动

开始于：球已在队员手中停留，并开始投篮动作（通常是向上）时。

在投篮尝试中必须包括队员的手臂和（或）身体运动。

结束于：球已离开队员的手时，或者做了一个全新的投篮动作时。

第16条 球中篮和它的得分值

16.1 定义

16.1.1 当活球从上方进入球篮并停留在球篮内或穿过球篮是球中篮。

16.1.2 当有极少部分的球体在篮圈中并在篮圈水平面以下时，就认为球在球篮中。

16.2 规定

16.2.1 球已进入球篮，对投篮的队按如下计得分：

- 一次罚球中篮计1分。
- 在2分投篮区域中篮计2分。
- 在3分投篮区域中篮计3分。

在最后1次或者仅有1次的罚球中，球已经触及篮圈且球进入球篮之前被1名进攻队员或者防守队员合法地触及，中篮计2分。

16.2.2 如果队员意外地将球投入本方球篮，中篮计2分，登记为对方队的场上队长名下。

16.2.3 如果队员故意地将球投入本方球篮则构成违例，中篮不计得分。

16.2.4 如果队员使球整体从下方穿过球篮则构成违例。

16.2.5 为了使队员在掷球入界获得球权时，或者最后1次，或者仅有1次罚球后抢篮板球时可以尝试投篮，比赛计时钟必须显示0:00.3（3/10秒）或者

更多。如果计时钟显示0:00.2或0:00.1，唯一的投篮方式就是拍球或者直接扣篮得分。

16.2.6　中篮的分值、对投篮动作犯规的罚球数量，按球出手的位置决定。

> **特别提示：**新规则中特别强调了球出手位置对于中篮的分值、对投篮动作犯规的罚球数量的重要性。

● 在3分投篮区域球离手，球在上升空中被2分投篮区的对方队员封盖触球，球如中篮算3分，如不中且宣判对投篮队员的犯规，罚球3次。

● 在2分投篮区域球离手，球在上升空中被3分投篮区的对方队员封盖触球，球如中篮算2分，如不中且宣判对投篮队员的犯规，罚球2次。

● 强调是投入对方球篮。如3分区域出手投对方球篮，如果是3分区域误入本方球篮，登记在对方队长头上算2分。

第17条　掷球入界

17.1　定义

由界外掷球入界队员将球传入比赛场地内时，掷球入界发生。

17.2　程序

17.2.1　裁判员必须将球递交给执行掷球入界的队员或置于他可处理。只要：
● 裁判员距执行掷球入界的队员不超过4米。
● 执行掷球入界的队员是在裁判员指定的正确地点。
● 裁判员也可将球抛或反弹给执行掷球入界的队员。

17.2.2　队员应在最靠近犯规地点或比赛被裁判员停止的地点执行掷球入界，正好在篮板后面的地点除外。

17.2.3　只有在下列情况中，在记录台对面的中线延长部分执行掷球入界：
● 在非第1节的所有节的开始。

- 由技术犯规、违反体育道德的犯规或取消比赛资格的犯规引起的罚球之后。

掷球入界的队员应在记录台的对侧，双脚分别跨立在中线延长线的两边，并有权将球传给比赛场地上任何地点的同队队员。

17.2.4　在第4节和每一决胜期的比赛计时钟显示为2分钟或少于2分钟时，在后场拥有球权的队暂停之后，随后的掷球入界应在记录台对侧，该队前场的掷球入界线处执行。

17.2.5　控制活球队的队员或拥有球权队的队员发生侵人犯规后，随后的掷球入界应在最靠近犯规的地点执行。

17.2.6　每当球进入球篮，但该投篮或罚球无效，则随后的掷球入界应在罚球线延长线执行。

17.2.7　投篮成功或最后1次或仅有1次的罚球成功后：

- 非得分队的任何1名队员应在该队端线后的任一地点掷球入界。这也适用于成功的投篮或成功的最后1次或仅有1次的罚球后的1次暂停或任一比赛的中断之后，在裁判员将球递交给执行掷球入界的队员或将球置于他可处理后。

- 执行掷球入界的队员可横向移动和（或）后移，并且球可在端线后的同队队员之间传递。

- 但是，当界外第一位队员可处理球时，5秒钟计算开始。

17.3　规定

17.3.1　执行掷球入界的队员不应：

- 超过5秒钟球才离手。
- 球在手中时步入比赛场地内。
- 掷球入界的球离手后，使球触及界外。
- 在球触及另一队员前，在场上触及球。
- 直接使球进入球篮。

在球离手前，从界限外指定的掷球入界地点（投篮成功或最后1次罚球成功后，从该队的端线后掷球入界除外），在一个或两个方向上横向移动总距离超过总共1米。但是，只要情况许可，他从界线后退多远都可以。

第四章　比赛通则

> **2017规则修改提示：**
>
> 在球离手前，从界线外指定的掷球入界地点（投篮成功或最后1次罚球成功后，从该队的端线后掷球入界除外），在一个或者两个方向上横向移动总距离超过总共1米。但是，只要情况许可，他从界线后退多远都可以。
>
> 新规则删除了原有括号内的内容。

17.3.2　在掷球入界中其他队员不应：

● 在球被掷过界线前，将身体的任何部位越过界线。

● 当掷球入界地点的界线外任何障碍物和界线少于2米时，靠近执行掷球入界队员在1米以内。

违反17.3　是违例。

17.4　罚则

将球判给对方队员在原掷球入界的地点掷球入界。

18.1　定义

教练员或助理教练员请求中断比赛是暂停。

18.1　NBA球员和教练都可以请求暂停。

39

18.2 规定

18.2.1 每次暂停应持续1分钟。

18.2.1 NBA允许7次常规暂停，时间100秒，2次短暂停，时间20秒。加时赛可允许3次常规暂停。

18.2.2 在暂停机会期间可以准予暂停。

18.2.3 一次暂停机会开始：

- （对于双方队）球成死球，比赛计时钟停止以及当裁判员已结束了与记录台的联系时。
- （对于双方队）在最后1次或仅有1次的罚球成功后，球成死球时。
- 对于非得分队，投篮得分时。

18.2.4 当队员在掷球入界或第1次或仅有1次的罚球可处理球时，1次暂停机会结束。

18.2.5 在上半时的任何时间每队可准予2次暂停；在下半时的任何时间可准予3次暂停，以及每一决胜期的任何时间可准予1次暂停。

18.2.5 NBA每队可准予：

- 上半时2次暂停。
- 下半时3次暂停，但最后2分钟最多2次暂停。
- 每一决胜期1次暂停。

18.2.6 未用过的暂停不得遗留给下一个半时或决胜期。

18.2.7 除了对方队员投篮得分并且没有宣判违反后准予的暂停外,应给首先提出暂停请求的教练员的队登记暂停。

18.2.8 在第4节和每一决胜期的比赛计时钟为2分钟或少于2分钟时,在1次成功的投篮后比赛计时钟停止时,不允许得分队暂停,除非裁判员已停止了比赛。

18.3 程序

18.3.1 只有教练员或助理教练员有权请求暂停。他应与记录员建立目光联系或亲自到记录员处清楚地要求暂停,并用手做出正确的常规手势。

18.3.2 1次暂停请求只可在记录员发出该次暂停请求的信号之前被取消。

18.3.3 暂停时段:

- 当裁判员鸣哨并给出暂停手势时开始。
- 当裁判员鸣哨并招呼球队回到比赛场地上时结束。

18.3.4 暂停机会一开始,记录员就应发出信号,通知裁判员已提出了暂停请求。

如果某队已请求了暂停,在对方队投篮得分时,计时员应立即停止比赛计时钟并发出信号。

18.3.5 在暂停期间以及第2节、第4节或每一决胜期开始之前的比赛休息期间,队员们可以离开比赛场地并坐在球队席上,被允许在球队席区域内的球队席人员可以进入比赛场地,只要这些球队成员留在他们的球队席区域附近即可。

18.3.6 如果第1次或仅有1次的罚球,球置于罚球队员可处理之后,任一队请求了1次暂停,则在下列情况下暂停应被准予:

- 最后1次或仅有1次的罚球成功。
- 最后1次或仅有1次罚球随后还有在记录台对侧的中线延长线的掷球入界。
- 在多次罚球之间宣判了犯规。这种情况下,应先完成多次罚球,在执行新的犯规罚则之前。
- 在最后1次或仅有1次的罚球后,球成活球前宣判了1次犯规。这种情况下,在执行新的犯规罚则之前。
- 在最后1次或仅有1次的罚球后,球成活球前宣判了1次违例。这种情况下,在执行掷球入界之前。

如果一个以上的犯规罚则造成连续的罚球单元和（或）球权，每个单元分别处理。

特别提示：下半时的最后2分钟，一个队最多只能准予2次暂停。

- 在比赛计时钟显示2:00之前，某队还没有被准予下半时的第1次暂停，记录员应用两条平行线将该队下半时暂停的第1格划掉。
- 以准予暂停的时间为准，不以请求暂停的时间为准。如第4节还剩2:05时请求暂停，但准予暂停的时间还剩1:58，则自动失去下半时1次暂停机会。

 第19条 替换

19.1 定义

替补队员请求中断比赛成为队员是1次替换。

19.2 规定

19.2.1 在替换机会期间球队可以替换队员。

19.2.2 1次替换机会开始：

- （对于双方队）当球成死球、比赛计时钟停止，以及当裁判员已结束了与记录台的联系时。
- （对于双方队）在最后1次或仅有1次的罚球成功后，球成死球时。
- （对于非得分队）在第4节和每一决胜期的比赛计时钟显示为2分钟或少于2分钟，投篮得分时。

19.2.3 1次替换机会结束于掷球入界的队员可处理球时，或第1次或仅有1次的罚球可处理球时。

19.2.4 队员已成为替补队员和替补队员已成为队员，分别不能重新进入比赛或离开比赛，直到一个比赛的计时钟运行片段之后球再次成死球时为止，除非：

- 某队场上队员已被减缩到少于5名。
- 作为纠正失误的结果，拥有罚球权的队员已被合法替换后坐在球队席上。

19.2.5　在第4节或每一决胜期的最后2分钟期间，在1次成功的投篮后比赛计时钟停止时，不允许得分队替换，除非裁判员已停止了比赛。

> *2017规则修改提示：*
>
> 　19.2.5　在第4节或每一决胜期的比赛计时钟显示为2:00分钟或少于2:00分钟，一次成功的投篮后比赛计时钟停止时，不允许得分队替换，除非裁判员已中断了比赛。

19.3　程序

19.3.1　只有替补队员有权请求替换。他（不是教练员或助理教练员）应到记录台清楚地要求替换，用手做出适当的常规手势或坐在替换的椅子上。他必须立即做好比赛的准备。

19.3.2　1次替换请求可以被撤销，但只可在记录员发出该次替换请求的信号之前。

19.3.3　替换机会一开始，记录员就应发出信号通知裁判员替换请求已提出。

19.3.4　替换队员应停留在界线外，直到裁判员鸣哨并给出替换手势和招呼他进入比赛场地。

19.3.5　已被替换的队员不必向裁判员或记录员报告，允许他直接去他的球队席。

19.3.6　替换应尽可能快地完成。已发生第5次犯规或已被取消比赛资格的队员必须立即被替换（大约30秒钟）。根据裁判员的判断，如果有不必要的延误，应给违反的队登记1次暂停。如果该队没有剩余的暂停，可登记教练员1次技术犯规（"B"）。

19.3.7　如果在1次暂停或比赛休息期间中请求替换，该替补队员必须在进入比赛前向记录员报告。

19.3.8　如果罚球队员因为：

- 受伤了。
- 已发生第5次犯规。
- 已被取消比赛资格。

他必须被替换。罚球必须由替换他的替补队员执行，并且该替补队员在比赛的下1个计时钟运行片段比赛前，不能再次被替换。

19.3.9　第1次或仅有1次的罚球，球置于罚球队员可处理之后，如果任一队求替换，则在下列情况下替换应被准予：

- 最后1次或仅有1次的罚球成功。
- 最后1次或仅有1次罚球后还有在记录台对侧的中线延长线掷球入界。
- 在多次罚球之间宣判了犯规。这种情况下，多次罚球应完成，在新的犯规罚则执行之前允许替换。
- 在最后1次或仅有1次的罚球后，球成活球前宣判了1次犯规。这种情况下，在执行新的犯规罚则之前允许替换。
- 在最后1次或仅有1次的罚球后，球成活球前宣判了1次违例。这种情况下，在执行掷球入界之前允许替换。

如果1次以上的犯规罚则造成连续的罚球单元，每个单元分别处理。

19.3.10　罚球之间出现队员受伤（流血，开放性伤口），受伤队员允许被替换，包括：

- 罚球队员本身的替换。
- 非罚球队员的替换。

以上两种替换，对方队可请求同等数量的替换。

 第20条　比赛因弃权告负

20.1　规定

如果球队存在如下情形，则认定该队由于弃权使比赛告负：

- 在预定的开始时间后15分钟，球队不到场或不能使5名队员入场准备比赛。则认定该队由于弃权使比赛告负。
- 该行为阻碍比赛继续进行。
- 在主裁判员通知比赛后拒绝比赛。

20.2 罚则

20.2.1 判给对方队获胜，且比分为20∶0。此外，弃权的队在名次排列中应得0分。

20.2.2 对于两场比赛（主和客）总分定胜负的一组比赛和季后赛（3战定胜负），在第1场、第2场或第3场比赛中弃权的队应使该组比赛或季后赛因"弃权"告负。这不适用于季后赛的5战定胜负。

20.2.3 如果在1次联赛中，一个球队弃权2次，该队应被取消资格，并且该队在所有比赛的结果都视为无效。

第21条 比赛因缺少队员告负

21.1 规定

在比赛中，如果某队在场上准备比赛的队员少于2名，该队由于缺少队员使比赛告负。

21.2 罚则

21.2.1 如判获胜的队领先，则在比赛停止时的比分应有效。如判获胜的队不领先，则比分应记录为2∶0，对该队有利。此外，缺少队员的队在名次排列中应得1分。

21.2.2 对于两场比赛（主和客）总分定胜负的一组比赛，在第1场或第2场比赛中缺少队员的队应使该组比赛因"缺少队员"告负。

第五章 违例

第22条 违例

22.1 定义

违例是违反规则。

22.2 罚则

将球判给对方队员在最靠近发生违例的地点掷球入界,但正好在篮板后面的地点除外,除非本规则另有规定。

第23条 队员出界和球出界

23.1 定义

23.1.1 当队员身体的任何部分接触界线上、界线上方或界线外的除队员以外的地面或任何物体时,即是队员出界。

队员出界,进攻队员脚踩端线

47

23.1.2 判定球出界，是因为球触及了：
- 在界外的队员和任何其他人员。
- 界线上、界线上方或界线外的地面或任何物体。
- 篮板支撑架、篮板背面或比赛场地上方的任何物体。

球出界，进攻队员运球途中球体接触端线外的地面

23.2 规定

23.2.1 在球出界以及球触及了除队员以外的其他物体而出界之前，最后触及球或被球触及的队员是使球出界的队员。

23.2.2 如果球出界是由于触及了界线上或界线外的队员或被他（她）所触及，是该队员使球出界。

23.2.3 在争球期间，如果队员移动到界外或他的后场，1次跳球情况发生。

第24条 运球

24.1 定义

24.1.1 运球是指1名队员控制活球的一系列动作，如掷、拍、在地面上

滚动球或者故意将球掷向篮板。

24.1.2 当在场上已获得控制活球的队员将球掷、拍、滚、运在地面上，或故意掷向篮板并在球触及另一队员之前再次触及球为运球开始。

当队员双手同时触及球或允许球在一手或双手中停留时运球结束。

在运球的时候球可被掷向空中，只要掷球的队员用手再次触及球之前球触及地面或另一队员。

当球不与队员的手接触时，队员可行进的步数不受限制。

24.1.3 队员意外地失掉并随后在场上恢复控制活球，被认为是漏接球。

24.1.4 下列情况不是运球：

- 连续的投篮。
- 1次运球的开始或结束时漏接球。
- 从其他队员的附近用拍击球来试图获得控制球。
- 拍击另一队员控制的球。
- 拦截传球并获得控制球。

只要不发生带球走违例，将球在两手之间抛接并在球触及地面前允许在手中停留。

24.2 规定

队员第1次运球结束后不得再次运球，除非在2次运球之间由于下述原因他已在场上失去了控制活球：

- 投篮。
- 球被对方队员触及。
- 传球或漏接，然后球触及了另1名队员或被另1名队员触及。

特别提示：若队员第一次运球结束后掷球打篮板并且在球触及另一名队员之前拿到球该队员发生两次运球为例。

最新篮球规则图解

第五章 违例

两次运球，运球后双手触球，然后再次运球

最新篮球规则图解

 第25条 带球走

25.1 定义

25.1.1 当队员在场上持着一个活球,其一脚或双脚超出本规则所述的限制,向任一方向非法移动是带球走。

25.1.2 在场上正持着一个活球的队员用同一脚向任一方向踏出1次或多次,而其另一脚(称为中枢脚)不离开与地面的接触点时为旋转(合法移动)。

走步违例,队员在场上持着一个活球,其一脚或双脚超出本规则所述的限制向任一方向非法移动是带球走

25.2 规定

25.2.1 对在场上接住活球的队员确立中枢脚：

双脚站在地面上时，一脚抬起的瞬间，另一脚成为中枢脚。

移动时：

- 如果一脚正触及地面，该脚成为中枢脚。
- 如果双脚离地和队员双脚同时落地，一脚抬起的瞬间，则另一脚成为中枢脚。
- 如果双脚离地和队员一脚落地，于是，该脚成为中枢脚。如果队员跳起那只脚并同时落地停止，那么，哪只脚都不是中枢脚。

25.2.2 对在场上控制了活球并已确立中枢脚的队员的带球行进，双脚站在地面上时：

- 开始运球，在球出手之前中枢脚不得抬起。
- 传球或投篮，队员可跳起中枢脚，但在球出手之前任一脚不得落回地面。

移动时：

- 传球或投篮，队员可跳起中枢脚并一脚或双脚同时落地。但一脚或双脚抬起后在球出手之前任一脚不得落回地面。
- 开始运球，在球出手之前中枢脚不得抬起。

最新篮球规则图解

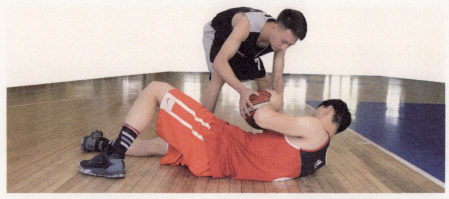

走步，队员躺卧于地板上翻滚或持球站起时双脚移动

停止时哪只脚都不是中枢脚：

- 开始运球，在球出手之前哪只脚都不得抬起。
- 传球或投篮，一脚或双脚可抬起，但在球出手前不得落回地面。

25.2.3 队员跌倒、躺或坐在地面上：当1名队员持球跌倒和在地面上滑动、躺或坐在地面上获得控制球是合法的。

如果之后该队员持着球滚动或试图站起来是违例。

> **案例分析**：如果一名做投篮动作的队员被犯规，随后他发生了带球走违例后得分，中篮应判无效，判给投篮队员应得的罚球。

第五章 违例

第26条 3秒钟

26.1 规定

当某队在前场控制活球并且比赛计时钟正在运行时,该队的队员不得停留在对方队的限制区内超过持续的3秒钟。

26.1 NBA包括防守3秒和进攻3秒两项规则:

防守3秒:防守队员不能站在3秒区内,离进攻队员超过一臂距离,否则会被判罚防守3秒违例。

进攻3秒:当某队在前场控制活球并且比赛计时钟正在运行时,该队的队员不得停留在对方的限制区内超过持续的3秒钟。

进攻3秒钟,进攻队员停留于对方限制区内3秒钟以上

55

26.2 规定

26.2.1 队员在下列情况下应被默许：

● 他试图离开限制区。

● 他在限制区内，当他或他的同队队员正在做投篮动作并且球正离开或恰已离开投篮队员的手时。

● 他在限制区内已接近3秒钟时运球投篮。

26.2.2 为证实队员自身位于限制区外，他必须将双脚置于限制区外的地面上。

第27条 被严密防守的队员

27.1 定义

1名队员在场上正持着活球，这时对方队员采用积极的防守姿势，距离不超过1米，该队员是被严密防守。

27.2 规定

1名被严密防守的队员必须在5秒钟内传、投或运球。

27.2 NBA无紧逼防守下的5秒违例中，包含一个特殊的背身单打5秒规则：球员持球背身单打的时间不能超过5秒钟。

第五章 违例

严防状态下5秒钟，进攻队员在严防状态下5秒钟内没有传球或运球

最新篮球规则图解

罚球5秒钟，罚球出手前接触球5秒钟以上

发球5秒钟，队员接触球后5秒钟内没发出球

第五章 违例

 第28条 8秒钟

28.1 当如下情形发生时，该队必须在8秒钟内使球进入该队的前场：
- 1名队员在他的后场获得控制球。
- 在掷球入界中，球触及后场的任何队员或者被后场的任何队员合法触及，掷球入界队员所在队仍拥有在后场的球权。

28.2 当如下情形发生时，就是球队使球进入该队的前场：
- 没有被任何队员控制，球触及前场。
- 球触及或者被双脚完全在前场的进攻队员合法触及。
- 球触及或者被有部分身体在后场的防守队员合法触及。
- 球触及有部分身体在控制球队前场的裁判员。
- 运球队员在后场往前场运球的过程中，双脚和球都进入前场。

28.3 当先前已控制球的同一队由于下列情况的结果被判在后场掷球入界时，8秒钟应从剩余时间处连续计算：
- 球出界。
- 1名同队队员受伤。
- 1次跳球情况。

> **案例分析**：当一次争球发生时A队在他的后场已经控制球5秒。裁判员判定A队对下一次交替拥有掷球入界权时，A队只有剩余的3秒可以用来使球进入前场。

- 1次双方犯规。
- 双方球队的相等罚则抵消。

> **案例分析**：A1在后场运球4秒时发生了打架现象。替补队员A2和B3因为进入场内被取消比赛资格。相同的罚则被抵消后，比赛由A4在

记录台对侧的中线延长线处掷球入界重新开始。A队只有4秒的时间使球进入该队的前场。

第29条 24秒钟

29.1 规定

29.1.1 当如下情形发生时,该队必须在24秒钟内尝试投篮:

- 1名队员在场上获得控制活球。
- 在1次掷球入界中,球触及任何一名场上队员或者被他合法触及,掷球入界队员所在的球队仍然控制着球。

1次24秒钟内投篮的构成:在24秒计时钟的信号发出前,球必须离开队员的手,而且球离开了队员的手后,球必须触及篮圈或进入球篮。

> **2017规则修改提示:**
> "24秒计时钟"改为"进攻计时钟"。

29.1.2 在临近24秒钟周期结束时尝试了1次投篮,并且球在空中时24秒计时钟信号响:

- 如果球进入球篮,没有违例发生,信号应被忽略并且计中篮得分。
- 如果球触及篮圈但未进入球篮,没有违例发生,信号应被忽略并且比赛应继续。
- 如果球未碰篮圈,1次违例已发生。然而,如果对方队员即时和清楚地获得了控制球,信号应被忽略并且比赛应继续。

关系到干涉得分和干扰的所有限制应适用。

29.1.3 每节比赛只有当比赛计时钟少于24秒并且进攻计时钟上显示14秒

或少于14秒时，才能关闭进攻计时钟。

当某队投篮，球触及篮圈，如果此时进攻计时钟多于14秒，应复位到14秒，这就要求进攻计时员在每节比赛最后不能少于24秒就马上关闭进攻计时钟。

> **特别提示：** 新规则对时间的操作有了变化，将进攻计时钟规则由旧规则中的24秒修改为14秒。

裁判手记：

新规则对时间的操作进行了调整，判罚时需要关注24秒和14秒。

（1）某队进攻，球因任何原因触及对方篮圈后，如果再次获得控制球的球队仍是该队，则进攻计时钟应复位到14秒。在比赛中实际可能出现以下情况：

- 某队投篮，球触篮圈后，原进攻队队员抢到前场篮板球。
- 某队投篮，球被对方队员触及后，然后球触篮圈，原进攻队队员抢到前场篮板球。
- 某队队员之间传球，球触篮圈后，随后原进攻队队员控制球。
- 某队队员之间传球，球被对方队员触及后，然后球触篮圈，随后原进攻队队员控制球。
- 某队投篮，球触篮圈后，对方队员触及了球，随后原进攻队队员控制球。
- 某队投篮，球触篮圈后，对方队员触及球然后使球出界，原进攻队获得掷球入界（在球出界的就近地点，可能是在前场也可能是在后场）。
- 某队投篮，球触篮圈，在争抢篮板球时，宣判了1次犯规，罚则是原进攻队掷球入界（在犯规发生的就近地点，可能是在前场也可能是在后场）。
- 某队投篮，球触篮圈，在争抢篮板球时，宣判了争球，根据交替拥有，由原进攻队依据交替拥有箭头继续进攻（在争球发生的就近地点，可能是在前场也可能是在后场）。
- 最后1次或仅有1次罚球但是球不中，原罚球队抢到前场篮板球之后。

（2）球传在界外上空，防守队员救球，进攻计时钟操作的两个节点：救球"拍"和"抓住"的区别：

- A队空中传球，球飞出界外，B队队员界内起跳空中救球，拍到球，球回到场上，重新被A队控制，进攻计时钟连续计算。
- A队空中传球，球飞出界外，B队队员界内起跳空中救球，空中双手抓住球，球回到场上，重新被A队控制，认为B队中间已经控制球，有一个球权转换，给A队一个新的进攻时间周期。

（3）当某队投篮，球触及篮圈，如果此时进攻计时钟多于14秒，应复位到14秒。这就要求进攻计时员在每节比赛最后不能少于24秒就马上关闭进攻计时钟。

29.2 程序

29.2.1 如果裁判员停止了比赛：
- 因为不控制球的球队犯规或者违例（不是因为球出界）。
- 因为任何与不控制球的球队有关的正当原因。
- 因为任何与双方球队都无关的正当原因。

在如下情况中，球权应判给先前控制球的球队：

如果掷球入界在其后场执行，24秒计时钟应复位到24秒。

如果掷球入界在其前场执行，24秒计时钟应按照下述原则复位：

- 当比赛被停止时，如果24秒计时钟显示为14秒或者更多，24秒计时钟不应复位，而且从被停止的时间处连续计算。
- 当比赛被停止时，如果24秒计时钟显示为13秒或者更少，24秒计时钟应复位到14秒。

然而，根据裁判员的判断，如果对方将被置于不利，24秒计时钟应从停止的时间处连续计算。

> **2017规则修改提示：**
> "24秒计时钟"改为"进攻计时钟"。

> **2017规则修改提示：**
>
> 然而，如果比赛因为与双方球队都无关的正当原因而被裁判员停止，根据裁判员的判断，进攻计时钟复位将置对方于不利，进攻计时钟应从停止的时间连续计算。

29.2.2　如果某队已控制球或双方都未控制球时，24秒计时钟错误地发出信号，此信号应被忽略并且比赛应继续。

如果根据裁判员的判断，控制球队已被置于不利，应停止比赛，24秒计时钟应被纠正，并且把球判给该队。

> **2017规则修改提示：**
>
> 29.2.2　每当在裁判员因为控制球队的犯规或者违例停止比赛后，判给对方一次掷球入界时，进攻计时钟应复位到24秒。
>
> 29.2.3　在球已经触及对方球篮篮圈之后，进攻计时钟应复位到：
> - 24秒，如果对方获得控制球；
> - 14秒，如果球触及篮圈前的同一控制球队再次获得控制球。
>
> 29.2.4　如果某队已控制球或双方都未控制球时，进攻计时钟错误地发出信号，此信号应被忽略并且比赛应继续。
>
> 然而，如果根据裁判员的判断，控制球队已被置于不利，应停止比赛，进攻计时钟应被纠正，并且把球判给该队。
>
> 2017规则中添加了新的29.2.2和29.2.3，原29.2.2改为29.2.4。

最新篮球规则图解

第30条 球回后场

30.1 球回后场的三要素：
- 球队前场控制球。
- 该队队员在前场最后触及球。
- 该队队员最先触及回到后场的球。

满足三要素的情况无需该队队员必须在后场，首先触及回到后场的球。该队员可能在前场也可能在后场。

30.2 规则文字描述给出了球队在前场控制球的定义：
- 队员双脚触及前场，正持球、接球或运球。
- 球在前场的同队队员之间传递。

30.3 说明：
- 没有球进入前场，就不存在球回后场违例（旧规则定义球进前场五种情况不变）。
- 造成1次球回后场违例，"前场球队控制球的概念"，在前场最后触及球，最先触及后场的概念，队员位置可能仍然在前场。（举例：传球至前场，裁判员触及反弹回后场，重新拿到，合法；前场运球，球掉到后场，在前场重新拿到，非法。）
- 掷球入界的地点：新的进攻方向。

特别提示：新旧规则对于球回后场违例的判定方法不同。

30.4 某队后场控制球，球传入前场触及前场地面、前场的篮板或者前场的裁判员，球回到后场重新被同队队员首先控制，旧规则解释是球回后场，2014年规则解释则因为不满足三要素的第一点（球队前场控制球），因此不是球回后场违例。

30.5 典型相关的战例：
- 跳球中空中获得控制球，持球落地，合法。

第五章 违例

- 前场起跳空中抢断，空中传球给后场同伴，球回后场。
- 后场传球直接触及前场的裁判，反弹回到后场拿球，合法。
- 后场传球触及前场地面，在后场同队队员触及，合法。
- 前场传球触及后场地面之后在后场同队队员触及，球回后场。

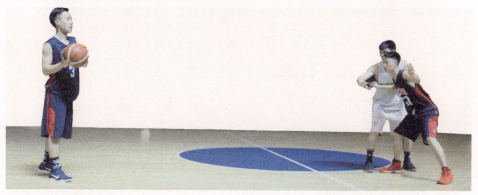

球回后场，进攻队员持球进入前场后回传给后场队员或自己运球回到后场

最新篮球规则图解

30.6 规定：

控制活球队的队员不得使球被非法地回到他的后场。

30.7 罚则：

球应判给对方在他的前场最靠近违反的地点掷球入界，正好在篮板后面的地点除外。

第31条 干涉得分和干扰得分

31.1 定义

投篮或罚球：

开始于：球离开正在做投篮动作的队员的手时。

结束于：

- 球从上方直接进入球篮并且停留其中或穿过球篮时。
- 球不再有进入球篮的可能性时。
- 球触及篮圈时。
- 球触及地面时。
- 球成为死球时。

31.2 规定

31.2.1 在1次投篮中，当1名队员触及完全在篮圈水平面之上的球时，并且发生如下情形，则发生干涉得分：

- 球在下落飞向球篮中。
- 在球已碰击篮板后。

第五章 违例

干扰球；进攻队员投篮后球已成下落状态时防守队员盖帽

31.2.2 在1次罚球中,当1名队员触及飞向球篮的、触及篮圈前的球时,干涉得分发生。

31.2.3 干涉得分的限制适用于:

● 球不再有进入球篮的可能性前。

● 球触及篮圈前。

31.2.4 当如下情形发生时,干扰得分发生:

● 在1次投篮、最后1次或者仅有的1次罚球后,当球与篮圈接触时,队员触及球篮或篮板。

● 在1次罚球(随后还有进一步的罚球)后,球有进入球篮的可能性时,1名队员触及球、球篮或篮板。

● 队员从下方伸手穿过球篮并触及球。

● 球在球篮中,防守队员触及球或球篮从而阻止球穿过球篮。

干扰球;球先接触篮板

第五章 违例

干扰球；球已进篮

- 队员使篮板颤动或者抓篮圈，根据裁判员的判定，这种手段已妨碍球进入球篮或者使球进入球篮时。
- 队员抓球篮打球时。

31.2.5 当如下情形发生时，涉及干涉得分和干扰得分的所有限制应适用：
- 球在投篮队员的手中或者1次投篮的飞行中，裁判员鸣哨。
- 投篮的球在飞行中，结束一节的比赛计时钟信号响。
- 在球已触及球篮之后仍有进入球篮的可能时，队员不得触及球。

31.3 罚则

31.3.1 如果1名进攻队员发生违例，不判给得分。将球判给对方队员在罚球线的延长部分掷球入界，除非本规则另有规定。

31.3.2 如果1名防守队员发生违例,应判给进攻的队:

- 当球在罚球中出手时,得1分。
- 当球在2分投篮区域出手时,得2分。
- 当球在3分投篮区域出手时,得3分。

判给的得分就如同球进入球篮一样。

31.3.3 如果防守队员在最后1次或仅有1次的罚球中发生干涉得分违例,应判给进攻的队得1分,随后执行防守队员技术犯规的罚则。

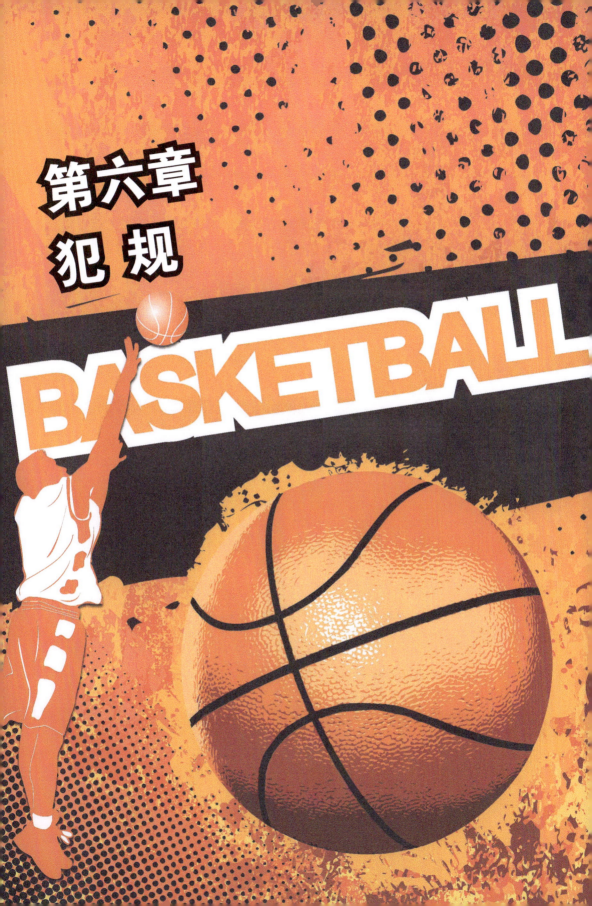

第32条 犯规

32.1 定义

犯规是对规则的违反，含有与对方队员的非法身体接触和（或）违反体育道德的举止。

32.2 规定

一个队可被宣判任何数量的犯规，不考虑罚则，犯规者的每一犯规应被登记，记入记录表并相应的被处罚。

新旧规则对照：

- 新规则犯规的顺序：侵人犯规、双方犯规、技术犯规、违反体育道德的犯规、取消比赛资格的犯规、打架。
- 旧规则犯规的顺序：侵人犯规、双方犯规、违反体育道德的犯规、取消比赛资格的犯规、技术犯规、打架。

第33条 接触的一般原则

33.1 圆柱体原则

圆柱体原则定义为1名站在地面上的队员占据一个假想的圆柱体内的空间。它包括该队员上面的空间，并受下列限定：

- 前面由手的双掌确定。
- 后面由臀部确定，两侧由双臂和双腿的外侧确定。

双手和双臂可以在躯干前伸展，其肘部的双臂弯曲不超过双脚的位置，因此两前臂和双手是举起的。他的双脚间的距离应依据他的身高有所不同。

第六章 犯规

33.2 垂直原则

在比赛中,每1队员都有权占据未被对方队员已经占据的任何场上位置(圆柱体)。

这个原则保护队员所占据的地面空间和当他在此空间内垂直起跳的上方空间。

队员一离开他的垂直位置（圆柱体）并与已经建立了他自己的垂直位置（圆柱体）的对方队员发生身体接触，离开他的垂直位置（圆柱体）的队员就对此接触负责。

防守队员垂直地离开地面（在他的圆柱体内）或在他自己的圆柱体内把双手和双臂伸展在他的上方，则不必判罚。

无论是在地面上或在空中的进攻队员不应用下列方式与处于合法防守位置的防守队员发生接触：

- 用他的手臂为自己创造额外的空间（清除障碍）。
- 在投篮中或紧接投篮后伸展他的双腿或双臂去造成接触。

33.3　合法防守位置

当1名防守队员面对对手，并且双脚着地时，他就占据了最初的合法防守位置。

合法防守位置从地面到天花板，垂直地伸展到在他（圆柱体）的上方。他可将他的双臂和双手举过头或垂直跳起，但是他必须在假想的圆柱体内使双手和双臂保持垂直的姿势。

33.4　防守控制球的队员

当防守控制（正持着或运着）球的队员时，时间和距离的因素不适用。

每当对方队员在持球队员面前占据了一个最初的合法防守位置（甚至是一瞬间完成的），持球队员必须料到被防守并必须准备停步或改变他的方向。

防守队员建立一个最初的合法防守位置，必须在占据位置前没有造成接触。

一旦防守队员已建立了一个最初的合法防守位置，他可移动以便防守他的对手，但他不得伸展他的双臂、双肩、双髋或双腿，并通过这样做来造成接触以阻止从他身边通过的运球队员。

判断1次涉及持球队员阻挡/撞人情况时，裁判员应运用下列原则：

- 防守队员必须以面对持球队员并双脚着地来建立一个最初的合法防守位置。
- 防守队员为保持最初的合法防守位置，可保持静立、垂直起跳、侧移或后移。
- 在保持最初的合法防守位置的移动中，一脚或双脚可以瞬间离地，只要该移动是侧向或向后的，而不是朝向持球队员前移的。

● 接触必须发生在躯干上，在这种情况下，防守队员将被以为是已经先在接触地点了。

● 已建立了合法防守位置的防守队员可以在他的圆柱体之内转身以避免受伤。

在上述任何情况中，应认为该接触是由持球队员造成的。

33.5　防守不控制球的队员

不控制球的队员有权在球场上自由移动，并占据任何未被另一队员已经占据的位置。当防守不控制球的队员时，时间和距离的因素应适用。防守队员不能如此靠近和（或）如此快地在移动的对方队员的路径中占据一个位置，以致后者没有足够的时间或距离停步或改变他的方向。

此距离与防守队员的速度直接成正比，不要少于正常的1步。

如果1名防守队员在占据最初的合法防守位置中不顾及时间和距离的因素，并与对方队员发生接触，他对该接触负责。

一旦1名防守队员已经建立了一个最初的合法防守位置，为防守对方队员他可移动。但不得在对方队员的路径中伸展臂、肩、臀或腿去阻止该对方队员从他身边通过。他可以在他的圆柱体内转身以避免受伤。

33.6　腾空的队员

从球场某地点跳起在空中的队员有权再落回同一地点。

他有权落在场上的另一地点，只要在起跳时落地点以及起跳和落地点之间的直接路径上，在起跳的时间尚未被对方队员占据。

如果1名队员已跳起并落地，可是他的冲力使其接触了在落地点之外已占据了一个合法防守位置的对方队员，则该跳起队员对此接触负责。

在队员已跳起在空中后，对方队员不得移动到他的路径上。

移动到腾空队员的身下并造成接触，通常是违反体育道德的犯规，某些情况下可能是取消比赛资格的犯规。

33.7　掩护

合法的和非法的。

最新篮球规则图解

掩护是试图延误或阻止1名没有球的对方队员到达希望到达的场上位置。
当正在掩护对手的队员处于如下情形时，是合法的掩护：

- 发生接触时是静止的（在他的圆柱体内）。
- 发生接触时双脚着地。

当正在掩护对手的队员处于如下情形时，是非法的掩护：

- 发生接触时正在移动。
- 在静止对手的视野之外做掩护，发生接触时没有给出足够的距离。
- 发生接触时，对移动中的对手没有顾及时间和距离的因素。

第六章　犯规

非法掩护：进攻队员执行挡拆时移动

　　如果在静止对手的视野之内做掩护（前面的或侧面的），做掩护的队员可按自己的意愿靠近对手已建立掩护，只要没有接触。

　　如果在静止对手的视野之外做掩护，做掩护的队员必须允许对手向掩护迈出正常的1步而不发生接触。

　　如果对手在移动中，时间和距离的因素应适用。做掩护的队员必须留出足够的空间，以便被掩护的队员能通过停步或改变方向来避免掩护。

　　要求的距离是不要少于正常的1步，不得多于正常的2步。

　　与已经建立掩护的队员的任何接触，由被合法掩护的队员负责。

33.8　撞人

持球或不持球队员推开或移动对方队员躯干上的非法身体接触。

最新篮球规则图解

撞人

33.9 阻挡

阻碍持球或不持球对方队员行进的非法身体接触。

如果试图做掩护的队员在移动中与静止或后退的对方队员发生接触，则他发生了1次阻挡犯规。

如果队员不顾球，面对着对方队员并随着对方队员的移动而移动他的位置，除非包含其他因素，该队员对所发生的任何接触负主要责任。

> **特别提示**："除非包含其他因素"是指被掩护的队员故意推人、撞人或拉人。

队员在场上占据位置时，把手臂或肘伸在他的圆柱体之外是合法的，但当对方队员试图通过时，手臂或肘必须被移到其圆柱体之内。如果手臂或肘是在他的圆柱体之外并发生接触，这是阻挡或拉人。

阻挡

阻挡

33.10 无撞人半圆区

球场上画出无撞人半圆区的目的是，指定一个特定的区域用于解释篮下的阻挡/撞人情况。向无撞人半圆区的任何突破情况中，当进攻队员腾空并控制着球，他试图投篮或者传球，并且防守队员的双脚在无撞人半圆区内。

2017规则修改提示：

向无撞人半圆区的任何突破情况中，当进攻队员腾空并控制着球，并且他试图投篮或者传球，并且防守队员的一脚或双脚在无撞人半圆区内（半圆线是半圆区域的一部分）。

第六章 犯规

进攻队员与防守队员在无撞人半圆区内的身体接触不应被宣判为进攻犯规，除非进攻队员非法地使用他的手、手臂或者身体。

> **2017规则修改提示：**
>
> 无撞人半圆区不使用的情况下，对于所有抢篮板球的情况，当投篮之后，球反弹起并且发生一些接触的情况。

> **案例分析：** A1运球切入篮下并且做投篮动作。A1直接传球给后方跟随他的A2而不是完成投篮，A1随后冲撞了接触无撞人半圆区的B1，同时A2持球正在切入篮下准备得分，应判A1撞人犯规。因为A1非法用他的身体为A2扫清了投篮路径。

33.11　用手和（或）手臂接触对方队员

用手触及对方队员，本身未必是犯规。

裁判员应判定引起接触的队员是否已经获得了不公正的利益。如果队员引起的接触在任何方面限制对方队员的移动自由，这样的接触是犯规。

当防守队员处于防守位置，并且他的手或手臂放置在持球或不持球的对方队员身上并保持接触以阻碍他行进，就发生了非法用手或非法伸展手臂。

反复地触及或"戳刺"持球或不持球的对方队员是犯规，因为这可导致粗暴的比赛。

当持球进攻队员处于如下情形时，是持球进攻队员的犯规：

- 为了获得不公正的利益，用手臂或肘"勾住"或缠绕防守队员。
- 为了阻止防守队员的防守或试图抢球，或为了在他和防守队员之间创造更大的空间而"推开"防守队员。
- 运球时，用伸展的前臂或手去阻止对方队员获得控制球。

81

第六章 犯规

合理冲撞，进攻队员进入合理冲撞区后合理与防守队员发生碰撞

打手，进攻队员执行投篮时防守队员非法用手碰触对方手或手臂

当不持球的进攻队员因为处于如下情形而"推开"防守队员,则是不持球进攻队员的犯规:

- 摆脱去接球。
- 阻止防守队员的防守或试图抢球。
- 扩展更大的个人空间。

33.12　中锋位置的攻防

垂直原则(圆柱体原则)适用于中锋位置的攻防。

位于中锋位置的进攻队员和防守队员必须尊重彼此的垂直位置(圆柱体)的权利。

位于中锋位置的进攻队员或防守队员用肩或髋将对方队员挤出位置,或用伸展的肘、臂、膝或身体的其他部位去干扰对方队员的活动自由,是犯规。

33.13　背后非法防守

背后非法防守是防守队员从对方队员的背后与其发生身体接触。防守队员正试图去抢球的事实,不证明从背后与对方队员发生接触是正当的。

第六章 犯规

背后非法用手，防守队员从进攻队员身后非法用手

最新篮球规则图解

33.14　拉人

拉人是干扰对方队员移动自由的非法身体接触。这种接触（拉人）可能发生在身体的任何部位。

拉人，防守队员用手拉住进攻队员

33.15 推人

推人是队员用身体的任何部位强行移动或试图移动控制或未控制球的对方队员时发生的非法身体接触。

推人，防守队员将进攻队员推出

最新篮球规则图解

抢篮板球推人

第六章 犯规

第34条 侵人犯规

34.1 定义

侵人犯规是指无论在活球或死球的情况下，攻守双方队员发生身体接触的犯规。

队员不应通过伸展手、臂、肘、肩、髋、腿、膝、脚或将身体弯曲成"不正常姿势"（超出他的圆柱体）去拉、阻挡、推、撞、绊对方队员，或阻止对方队员行进；也不得放纵任何粗野或猛烈的动作去这样做。

34.2 罚则

应登记犯规队员1次侵人犯规。

34.2.1 如果对没有做投篮动作的队员发生犯规：

- 由非犯规的队在最靠近违反的地点掷球入界重新开始比赛。
- 如果犯规的队处于全队犯规处罚状态，则应运用第41条（全队犯规的处罚）的规定。

34.2.2 如果对正在做投篮动作的队员发生犯规，应按下列所述判给投篮队员若干罚球：

- 如果投篮成功，应计得分并追加1次罚球。
- 如果从2分投篮区域的投篮不成功，2次罚球。
- 如果从3分投篮区域的投篮不成功，3次罚球。

在结束1节的比赛计时钟信号响时或恰好响之前，或当24秒钟装置信号响时或恰好响之前，投篮队员被犯规了，此时球仍在该队员手中，并且投篮成功，不应计得分，应判给2次或3次罚球。

第35条 双方犯规

35.1 定义

35.1.1 双方犯规是两名互为对方的队员大约同时相互发生侵人犯规的情况。

35.1.2 双方犯规基本条件：

> **特别提示**：新规则明确了双方犯规的4个基本条件。

- 两起犯规都是队员犯规。
- 两起犯规都包含身体接触。
- 两起犯规都是比赛双方之间。
- 两起犯规大约同时发生。

35.2 罚则

应给每一犯规队员登记1次侵人犯规。不判给罚球，并且比赛应按下列所述重新开始。

在发生双方犯规的大约同一时间，如果：

- 投篮得分，或最后1次或仅有1次的罚球得分，应将球判给非得分队从端线的任何地点掷球入界。
- 某队已控制了球或拥有球权，应将球判给该队在最靠违反的地点掷球入界。
- 任一队都没有控制球也没有球权，1次跳球情况发生。

互为双方队员大约同时发生都含有身体接触的犯规，一起宣判为普通犯规，一起宣判为违反体育道德犯规，可以被认为是双方犯规，虽然性质不同，按照"P"和"U"分别登记，但罚则不带来罚球，唯一区别是这个"U"可以算作是2次违反体育道德犯规被取消比赛资格中的1次，但尽量在比赛中减少这一类情况的判罚。

第36条 违反体育道德的犯规

36.1 定义

36.1.1 根据裁判员的判断，1名队员不是在规则的精神和意图的范围内合法地试图去直接抢球，发生的接触犯规是违反体育道德的犯规。

36.1.2 在整场比赛中，裁判员必须对违反体育道德犯规解释一致并只判定其所作所为。

36.1.3 判断犯规是否是违反体育道德，裁判员应运用如下原则：

- 如果1名队员不努力去抢球并发生身体接触，这是1次违反体育道德的犯规。

- 如果1名队员在努力抢球中造成过分的身体接触（严重犯规），这是1次违反体育道德的犯规。如果防守队员试图阻止1次快攻，从对方队员身后或侧面与其发生身体接触，并且进攻队员和对方球篮之间没有防守队员，这是1次违反体育道德的犯规。

- 如果1名队员正合法的努力去抢球（正常的争抢）发生了犯规，这不是违反体育道德的犯规。

36.1.4 在第4节和每一个决胜期的最后2分钟，掷球入界的球位于场外，并且还在裁判手上或者已置于掷球入界队员可处理时。如果此时1名场上防守队员制造1次对场上进攻队员的身体接触被宣判犯规，这是1次违反体育道德的犯规。

36.2 罚则

36.2.1 应给犯规队员登记1次违反体育道德的犯规。

36.2.2 应判给被犯规的队员执行罚球，以及随后：

- 在记录台对面的中场延长部分掷球入界。

- 在中圈跳球开始第1节（开赛前队员有违反体育道德的犯规）。

应按下述规则判给若干罚球：

- 如果对没有做投篮动作的队员发生犯规，2次罚球。
- 如果对正在做投篮动作的队员发生犯规，若中篮应计得分并加1次罚球。
- 如果对正在做投篮动作的队员发生犯规，并且球未中篮，2次或3次罚球。

36.2.2　NBA称为恶意犯规，并把其划分为一级恶意犯规。

一级恶意犯规：不必要的接触，通常指防守方故意左右摆动，对进攻方进行故意的重度接触以及后续动作。

二级恶意犯规：不必要或过度的身体接触，通常故意的重度接触以及后续动作。

NBA对于恶意犯规队员还要追加罚款。

36.2.3　当队员被登记2次违反体育道德的犯规时，他应被取消比赛资格。

36.2.4　如果队员在36.2.3情况下被取消比赛资格，应只处罚违反体育道德犯规的罚则，不执行其他取消比赛资格的罚则。

特别提示：旧规则写在规则解释中的内容，被新规则正式收录。

在第4节和每一个决胜期的最后2分钟，掷球入界的球位于场外，并且还在裁判手上或者已置于掷球入界队员可处理时，如果此时1名场上防守队员制造一起对场上进攻队队员的身体接触被宣判犯规，则认定这是一起违反体育道德的犯规。

第37条 取消比赛资格的犯规

37.1 定义

37.1.1 队员、球队席人员的任何恶劣的违反体育道德的行为是取消比赛资格的犯规。

37.1.2 已被取消比赛资格犯规的教练员应由登记在记录表上的助理教练员接替。如果记录表上没有登记助理教练员，应由队长（CAP）接替。

若队员有过激的但不含身体接触的行为，也同样可以构成取消比赛资格的犯规。

37.2 罚则

37.2.1 应给犯规者登记1次取消比赛资格的犯规。

37.2.2 每当犯规者依据这些规则的各个条款被取消比赛资格，他应去该队的休息室，并在比赛期间留在那里，或者他也可以选择离开体育馆。

37.2.3 罚球应判给：

- 如果是一起非身体接触犯规：由对方教练员指定的任一本队队员。
- 如果是一起身体接触犯规：被犯规的队员。

执行如上判罚后：

- 在记录台对面的中线延长线掷球入界。
- 在中圈跳球开始第1节（开赛前队员有违反体育道德的犯规）。

37.2.4 罚球的次数应按如下规定：

- 如果对没有做投篮动作的队员犯规，2次罚球。
- 如果对正在做投篮动作的队员发生犯规，若中篮应计得分并加1次罚球。
- 如果对正在做投篮动作的队员发生犯规，并且球未中篮，2次或3次罚球。

特别提示：新规则明确了不含身体接触的行为，也同样可以构成取消比赛资格的犯规。

第38条 技术犯规

38.1 行为规定

38.1.1 比赛的正当行为要求双方球队的成员（队员和球队席人员）与裁判员、记录台人员以及技术代表（如到场）有完美和真诚的合作。

38.1.2 每个球队应尽最大的努力去获得胜利，但胜利的取得必须符合体育道德精神和公正竞赛的要求。

38.1.3 任何故意的或一再的不合作，或不遵守本规则的精神，应被认为是1次技术犯规。

38.1.4 裁判员可以通过警告或甚至宽容那些明显是无意的并不直接影响比赛的、轻微的违纪来预防技术犯规的发生，除非在警告后重复出现同样的违反。

38.1.5 如果在球成活球后发现了1次违反，比赛应停止并登记1次技术犯规。应将技术犯规视同发生在它被登记的时候一样来执行罚则。在违反与比赛停止之间的间隔无论发生了什么都应保持有效。

38.2 暴力行为

38.2.1 比赛中可能发生与体育道德精神和公正竞赛相违背的暴力行为。裁判员应立即制止，如有必要，通过负责维持公共秩序的保安人员来制止。

38.2.2 无论何时在队员和球队席人员之间，在比赛场地上或其附近发生暴力行为，裁判员应采取必要的行动去制止他们。

38.2.3 任何上述人员公然地挑衅对方队员或裁判员，应被取消比赛资格。主裁判员必须将此事件报告给竞赛的组织部门。

38.2.4 保安人员可以进入比赛场地，只要裁判员要求这样做。然而，如果带有明显采用暴力行为的意图的观众进入球场，保安人员必须立即干预以保护球队和裁判员。

38.2.5 所有其他区域，包括入口、出口、过道、休息室等，由竞赛组织

部门和负责维持公共秩序的保安人员管辖。

38.2.6 裁判员绝不允许队员、球队席人员可能导致比赛器材损坏的粗野行为出现。

- 当裁判员观察到这类行为时,应立即给违反队的教练员1次警告。
- 如果重复该行为,应立即宣判有关的违反者1次技术犯规。

38.3 定义

38.3.1 技术犯规是没有身体接触的犯规,行为种类包括但不限于:

- 无视裁判员的警告。
- 无礼地触碰裁判员、技术代表、记录台人员或球队席人员。
- 与裁判员、技术代表、记录台人员或对方队员交流中没有礼貌。
- 使用很可能冒犯或煽动观众的粗话或手势。
- 戏弄对方队员或在他的眼睛附近摇手妨碍其视觉。
- 过分挥肘。
- 在球穿过球篮之后故意地触及球或阻碍迅速地掷球入界以延误比赛。
- 跌倒以"伪造"1次犯规。
- 悬吊在篮圈上,致使队员的重量由篮圈支撑,除非扣篮后,队员瞬间抓住篮圈,或者根据裁判员的判断,如果他正试图防止自己或另一名队员受伤。
- 在最后1次或仅有1次的罚球中防守队员干涉得分,应判给进攻队得1分,随后执行登记在该防守队员名下的技术犯规罚则。

38.3.2 球队席人员的技术犯规是与裁判员、技术代表、记录台人员或对方队员交流中没有礼貌或无礼地触碰他们的犯规;或是1次程序上的或管理性质的违规。

38.3.3 当出现下述情况时,教练员应被取消比赛资格:

- 由于自身违反体育道德行为的结果而被登记了2次技术犯规("C")。
- 由于其他球队席人员的违反体育道德行为而被登记了3次技术犯规(3次全部登记为"B",或者其中1次是"C")。

38.3.4 如果教练员在38.3.3情况下被取消比赛资格,应只处罚技术犯规的罚则,不追加取消比赛资格的罚则。

38.4 罚则

38.4.1 如果：

- 判罚队员技术犯规，应作为队员的犯规登记在该队员的名下，并计入全队犯规中。
- 判罚球队席人员，应登记在教练员名下，并不计入全队犯规次数中。

 区别

38.4.1 NBA球员技术犯规不累积到个人和全队犯规中，一场比赛发生2次技术犯规则被驱逐出场。

38.4.2 技术犯规的罚则为"一罚一掷"，登记应为"T_1""C_1""B_1"。

2次技术犯规（队员）要被取消比赛资格，在登记完第2次技术犯规"T"或"C"后，在接着的空格内填入"GD"。

38.4.3 特殊情况中，违反体育道德犯规如果罚则是两罚一掷或者三罚一掷的不能与技术犯规罚则相抵消，只有当其罚则是一罚一掷时可以依据顺序决定是否与技术犯规抵消。

裁判手记：

- 1名队员当被登记2次技术犯规时，剩余的比赛应被取消比赛资格。
- 这一规则同样适用于1名队员被登记2次违反体育道德犯规和1名教练员因为自身原因被登记2次技术犯规，或者其他原因累计3次技术犯规。

> **特别提示1：** 新规则将技术犯规的罚则全部改为了"一罚一掷"。
> 旧规则：登记"T_2""C_2""B_2"。
> 新规则：登记"T_1""C_1""B_1"。
>
> **特别提示2：** 2次技术犯规（队员）要被取消比赛资格，加上规则原有的2次违反体育道德犯规要被取消比赛资格的情况，都是在登记完

第六章 犯规

第2次技术犯规"T"或"C"后,在接着的空格内填入"GD"。

旧规则:教练员因为自身原因的2次或者其他原因的第3次技术犯规(其中有1次是"C")。

新规则:教练员因为自身原因的2次或者其他原因的第3次技术犯规(其中有1次是"C"),只是在被取消比赛资格时,接着的空格内也改为填入"GD"。

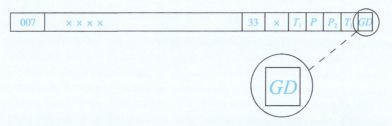

特别提示3: 特殊情况中,违反体育道德犯规如果罚则是两罚一掷或者三罚一掷的不能与技术犯规罚则相抵消,只有当其罚则是一罚一掷时可以依据顺序决定是否与技术犯规抵消。

第39条 打架

39.1 定义

打架是两名或多名互为对方队的人员(队员、球队席人员)之间的肢体冲突。

本条款仅适用于在打架中或可能导致打架的任何情况中离开球队席区域界限的球队席人员。

39.2 规定

39.2.1 在打架中或在可能导致打架的任何情况中,离开球队席区域的球队席人员,应被取消比赛资格。

39.2.2 在打架中或在可能导致打架的任何情况中，为了协助裁判员维持或恢复秩序，只允许教练员或助理教练员离开球队席区域，协助裁判员维持或恢复秩序。在这种情况中，他不应被取消比赛资格。

39.2.3 如果教练员和（或）助理教练员离开球队席区域，并不协助或试图协助裁判员维持或恢复秩序，他应被取消比赛资格。

39.3 罚则

39.3.1 不论由于离开球队席区域而被取消比赛资格的球队席人员的数量有多少，应给教练员登记1次单一的技术犯规（"B"）。

　　39.3.1 NBA将打架归入技术犯规中，一旦发生打架事件，当事人和所有离开球队席区域的球员和随队人员都要被判罚技术犯规，并立即驱逐出场。教练员和助理教练员协助裁判员维持秩序除外，联盟还要受到罚款和停赛处置。

39.3.2 如果双方球队的成员在本条规定下被取消比赛资格并且没有留下其他要执行的犯规罚则，比赛应按下面所述重新开始。

由于打架而停止比赛，大约在同一时间，如果：

● 投篮得分，应将球判给非得分队从端线的任何地点掷球入界。

● 某队已控制了球或拥有球权，应将球判给该队在记录台对面的中线延长线掷球入界。

● 任一队都没有控制球也没有球权，1次跳球情况发生。

39.3.3 所有的取消比赛资格的犯规，应按照B.8.3所描述的记录，并不计入全队犯规次数中。

39.3.4 所有涉及在场上打架的队员或在打架之前发生任何情况的可能存在的犯规罚则，应按第42条（特殊情况）处理。

第六章 犯规

特别提示：新规则B.8.3所描述记录方法示范如下。

● 取消比赛资格的犯规举例（球队席成员）：

一名替补队员被取消比赛资格：

| 001 | MAYER, F. | | | | | 5 | ⊗ | D | | |

并且

Coach	LOOR, A.	B_2	
Assistant Coach	MONTA, B.		

助理教练员被取消比赛资格：

Coach	LOOR, A.	B_2	
Assistant Coach	MONTA, B.	D	

一名出局的队员被取消比赛资格：

| 015 | RUSH, S. | | | | | 25 | × | T_3 | P_2 | P_1 | P_2 | D |

并且

Coach	LOOR, A.	B_2	
Assistant Coach	MONTA, B.		

● 取消比赛资格的犯规举例（打架）：

球队席人员由于离开球队席区域（第39条）判罚的取消比赛资格的犯规应按如下所示记录：在该被取消比赛资格的个人的所有剩余的犯规空格内应登入"F"。

如果只有教练员被取消比赛资格：

Coach	LOOR, A.	D_2	F	F
Assistant Coach	MONTA, B.			

如果只有助理教练员被取消比赛资格：

Coach	LOOR, A.	B_2		
Assistant Coach	MONTA, B.	F	F	F

如果该替补队员少于4次犯规,则在所有剩余的犯规空格内应登入"F"。

| 003 | SMITH, E. | | | 9 | ⊗ | P_2 | P_2 | F | F | F |

如果这是替补队员的第5次犯规,则在最后的犯规空格内应登入"F"。

| 002 | JONES, M. | | | 8 | ⊗ | T_1 | P_3 | P_1 | P_2 | F |

如果该逐出的队员已发生了5次犯规(犯规出局),则应在最后的犯规后面的栏内登入"F"。

| 015 | RUSH, S. | | | 25 | × | T_1 | P_3 | P_2 | P_1 | P_2 | F |

除上述队员Smith,Jones和Rush的例子外或如果一位随队人员被取消比赛资格,还应登入1次教练员技术犯规:

| Coach | LOOR, A. | | B_2 | | |
| Assistant Coach | MONTA, B. | | | | |

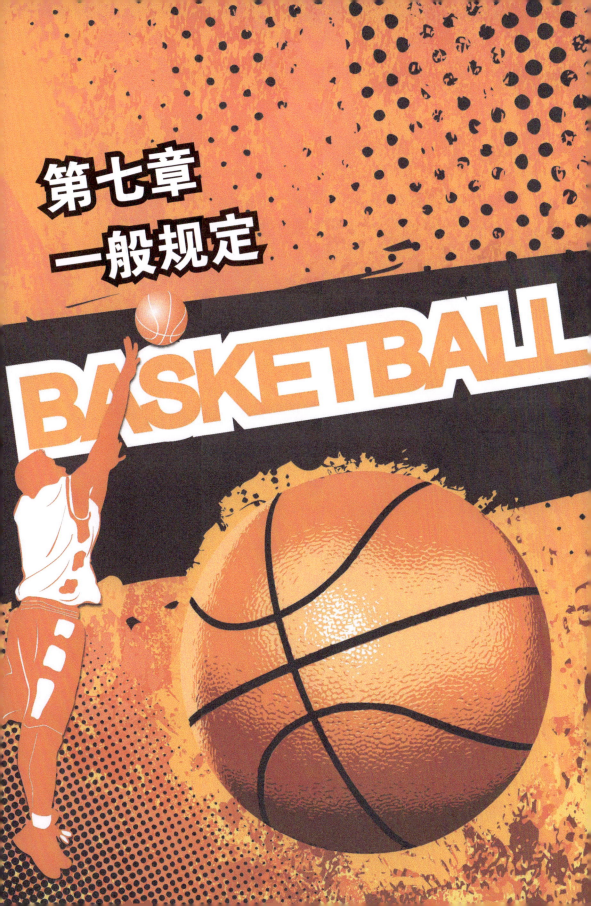

第40条 队员5次犯规

40.1 1名队员已发生5次侵人犯规和(或)技术犯规,裁判员应通知本人,他必须立即离开比赛,并且必须在30秒钟内被替换。

40.1 NBA一名球员发生6次侵人犯规必须退出比赛,如果该队已经没有5名合格的队员除外。

40.2 先前已发生了第5次犯规的队员的犯规,被认为是1名出局队员的犯规,并登记在教练员名下和在记录表上记入"B"。

第41条 全队犯规的处罚

41.1 定义

41.1.1 在1节中某队全队犯规已发生了4次时,该队处于全队犯规处罚状态。

> **2017规则修改提示:**
>
> 41.1.1 全队犯规是指该队队员被判罚的侵人犯规、技术犯规、违反体育道德的犯规或取消比赛规则的犯规。在一节中某队全队犯规已发生了4次时,该队处于全队犯规处罚状态。

41.1.2 在比赛休息期间发生的所有全队犯规，应被认为是随后1节或决胜期比赛中的犯规。

41.1.3 在决胜期内发生的所有全队犯规应被以为是发生在第4节内的。

41.2 规定

41.2.1 当某队处于全队犯规处罚状态时，所有随后发生的对未做投篮动作队员的侵人犯规应被判2次罚球，代替掷球入界。

> **2017规则修改提示：**
>
> 41.2.1 当某队处于全队犯规处罚状态时，所有随后发生的、对未做投篮动作的队员进行的侵人犯规应被判2次罚球，以此代替掷球入界，并由被犯规的队员执行罚球。

41.2.2 如果控制活球队的队员或拥有球权队的队员发生了侵人犯规，这样的犯规应判对方队员1次掷球入界。

第42条 特殊情况

42.1 定义

在1次犯规后的同一个停止比赛计时钟期间又发生了1次或多次犯规时，可能出现特殊情况。

42.2 程序

42.2.1 应登记所有的犯规，并确认所有的罚则。

42.2.2 应确定所有犯规发生的次序。

42.2.3 双方球队所有相等的罚则和所有双方犯规的罚则应按照它们宣判的顺序被抵消。一旦罚则已被抵消，就认为它们从未发生过。

42.2.4 作为最后罚则一部分的拥有球的权利,应当取消任何先前的拥有球的权利。

42.2.5 在第1次或仅有1次的罚球中,或在掷球入界中,一旦球已成为活球,那么该罚则就不再能用来抵消另一罚则。

42.2.6 所有剩余的罚则应按它们被宣判的次序执行。

42.2.7 如果双方球队抵消了相等的罚则后,没有留下其他要执行的罚则,比赛应按下面所述重新开始。

在第1次违反发生的大约同一时间,如果:

● 投篮得分,应将球判给非得分队从端线的任何地点掷球入界。

● 某队已控制了球或拥有球权,应将球判给该队在最靠近第1次违反的地点掷球入界。

● 任一队都没有控制球也没有球权,1次跳球情况发生。

第43条 罚球

43.1 定义

43.1.1 1次罚球是给予1名队员从罚球线后的半圆内的位置上,在无争抢的情况下得1分的机会。

43.1.2 由1次单一的犯规罚则带来的所有罚球和(或)随后的球权被定义为一个罚球单元。

43.2 规定

43.2.1 当宣判了1次侵人犯规,应按下述原则判给罚球:

● 被侵犯的队员应执行全部罚球。

● 如果侵犯的队员被请求替换,他必须在离开比赛前执行完该罚则的全部罚球。

● 如果侵犯的队员由于受伤、已发生他的第5次犯规或已被取消比赛资格必须离开比赛,替换他的替补队员应执行罚球。如果没有有效的替补队员,应由他的教练员指定任意1名同队队员执行罚球。

43.2.2 当宣判了1次技术犯规时，由对方队的教练员指定他球队中的任一队员执行罚球。

43.2.3 罚球队员：
- 应在罚球线后并在半圆内占据一个位置。
- 可用任何方式罚篮，并且以这样的方式使球从上方进入球篮或球触及篮圈。
- 当裁判员将球置于他可处理时，在5秒钟内应将球出手。
- 不应触及罚球线或进入限制区，直到球已进入球篮或已触及篮圈。
- 不应做假动作罚球。

43.2.4 在分位区的队员们有权占据这些空间的交错位置，这些分位区的深度应被看作是1米。

在罚球中，这些队员们不应该：
- 占据他们无权占据的分位区。
- 在球离开罚球队员的手前进入限制区、中立区或离开他的分位区。
- 用他的行为扰乱罚球队员。

43.2.5 不在分位区内的队员们应留在罚球线延长线和3分投篮线后面，直到罚球结束。

43.2.6 在罚球后接着有另一罚球单元或1次掷球入界，所有队员应留在罚球线延长线和3分投篮线后面。

违反43.2.3、43.2.4、43.2.5和43.2.6是违例。

43.3 罚则

43.3.1 如果罚球成功并且罚球队员违例中篮应不计得分。

任何其他队员的违例，无论在罚球队员的违例发生之前、几乎同时或者之后都应被忽略。应将球判给对方队员在罚球线延长线掷球入界，除非还要执行后续的罚球或者球权。

43.3.2 如果罚球成功并且除罚球队员外的任一队员发生了违例：
- 如果中篮，应计得分。
- 违例应不究。
- 如果是最后1次或仅有1次的罚球，应将球判给对方队员从端线任何地

点掷球入界。

43.3.3 如果罚球不成功并且发生违例：
- 罚球队员或他的同队队员在最后1次或仅有1次的罚球中违例，应将球判给对方队员在罚球线延长线掷球入界，除非该队有进一步的球权。
- 罚球队员的对方队员违例，应判给罚球队员再罚1次。
- 双方球队在最后1次或仅有1次的罚球中都违例，1次跳球情况发生。

第44条 可纠正的失误

44.1 定义

如果仅在下述情况中某条规则被无意地忽视了，裁判员可纠正其失误：
- 判给不应得的罚球。
- 没有判给应得的罚球。
- 不正确地判给得分或取消得分。
- 允许不该罚球的队员执行罚球。

44.2 一般程序

44.2.1 要纠正上述提到的失误，它们必须在失误后且启动了比赛计时钟之后的第1次死球后球成活球之前被裁判员、技术代表（如到场）或记录台人员发现。

44.2.2 发现了1次可纠正的失误时，裁判员可立即停止比赛，只要不把任一队置于不利。

44.2.3 在失误发生了之后到失误被发现之前，可能发生的任何犯规、得分、用去的时间和附加的活动，应保持有效。

44.2.4 在失误纠正之后，除非规则另有规定，比赛应在因纠正失误时而被停止的地点重新开始，应将球判给在纠正失误停止比赛时拥有球权的队。

44.2.5 一旦一个可纠正的失误被发现，并且：
- 如果涉及纠正失误的队员已被合法替换后坐在球队席上，他必须重新进

入比赛场地参加该失误的纠正,此时他成为1名队员。

● 在完成纠正失误后,他可以继续留在比赛中,除非已再次请求了1次合法的替换,在此情况下他才可以离开比赛场地。

● 如果该队员因为受伤、5次犯规或者已被取消比赛资格而被替换,替换他的队员必须参加该失误的纠正。

44.2.6　主裁判员已在记录表上签字后,可纠正的错误不能被纠正。

44.2.7　主裁判员在记录表上签字前、记录员在记录中或计时员在计时中的任何失误,包括比分、犯规次数、暂停次数、消耗或遗漏的时间,裁判员可在任何时间纠正。

> *2017规则修改提示:*
>
> 　　44.2.7　主裁判员在记录表上签字前,记录台人员在记录比赛计时钟和进攻计时钟操作中的任何失误,包括比分、犯规次数、暂停次数、消耗或遗漏的比赛时间和进攻时间,裁判员可在任何时间纠正。

44.3　特殊程序

44.3.1　判给不应得的罚球:由于失误而执行的罚球应被取消,并且比赛应按下述原则重新开始。

● 如果失误之后比赛计时钟没有开动,应将球权判给罚球被取消的队在罚球线延长线掷球入界。

● 如果失误之后比赛计时钟已开动并且:

☆ 在失误被发现时控制球(或拥有球权)的队与该失误发生时控制球的队是同一队。

☆ 在失误被发现时没有球队控制球,应将球判给在失误时间拥有球权的队。

● 如果比赛计时钟已开动,并且在失误被发现时控制球(或拥有球权)的队是在失误发生时控制球队的对方球队,1次跳球情况发生。

● 如果比赛计时钟已开动,并且在该失误被发现时,判了一个包含罚球的

犯规,应该执行罚球。然后,将球判给在该失误发生时控制球的队掷球入界。

44.3.2 没有判给应得的罚球:

● 如果在该失误发生后球权没有改变,在该失误纠正后应如同任何正常罚球后一样重新开始比赛。

● 如果在错误地判给了掷球入界的球权之后,该队得分了,则失误应不究。

44.3.3 允许错误的队员执行了罚球。

特别提示: 新规则对于可纠正的失误给出了解释。

错误的队员执行了罚球,失误已经发生,如果罚球是违反体育道德的犯规、技术犯规、取消比赛资格的犯规带来的,后续还有记录台对侧的中线延长线的掷球入界,则将罚则视为一个整体,发生失误后纠正失误重新开始比赛的掷球入界地点在中线延长线,由对方队在记录台对侧的中线延长线掷球入界重新开始比赛。

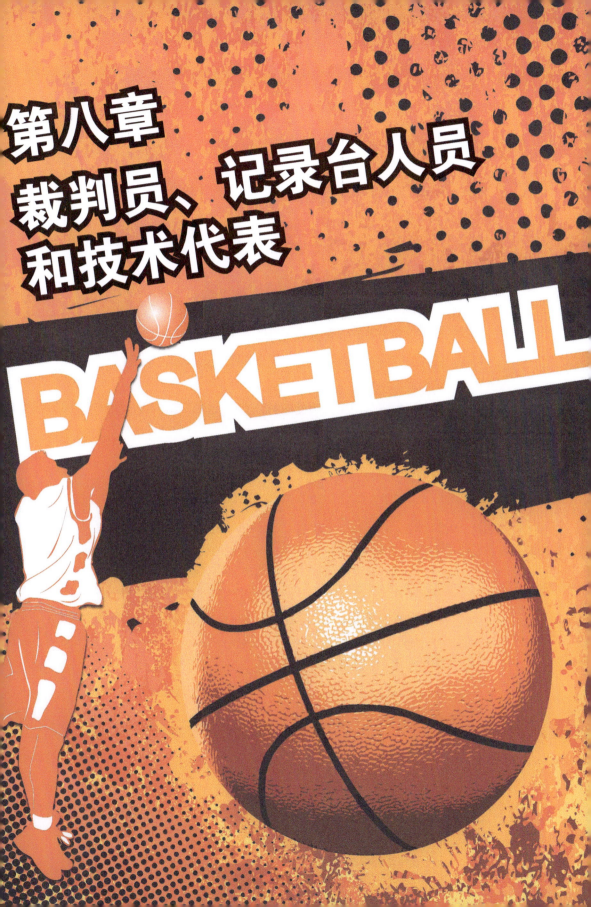

 第45条 裁判员、记录台人员和技术代表的职责和权力

45.1 裁判员应是1名主裁判员和1名或2名副裁判员。他们由记录台人员和技术代表（如到场）协助。

45.2 记录台人员应是1名记录员、1名助理记录员、1名计时员和1名24秒钟计时员。

45.3 1名技术代表应坐在记录员和计时员之间。比赛中他的主要职责是监督记录台人员的工作，并协作主裁判员和副裁判员使比赛顺利进行。

45.4 担任一场比赛的裁判员不应与场上任一队有任何方式的联系。

45.5 裁判员、记录台人员和技术代表应按照这些规则来指导比赛并无权改变这些规则。

45.6 裁判员的服装应由裁判员汗衫、黑色长裤、黑色袜子和黑色篮球鞋组成。

45.7 裁判员和记录台人员应分别着装一致。

 第46条 主裁判员的职责和权力

46.1 检查和批准在比赛过程中使用的所有器材。

46.2 指定正式的比赛计时钟、24秒计时钟、秒表并确认记录台人员。

46.3 从主队提供的至少2个用过的球中挑选比赛球。如果2个球中没有1个适宜作为比赛球，他可在提供的球中挑选最好的。

46.4 不允许任何队员佩戴可能对其他队员造成伤害的物品。

46.5 执行跳球开始第1节和管理掷球入界开始所有其他节。

46.6 当情况需要时有权停止比赛。

46.7 有权判定某队弃权。

46.8 在比赛时间结束时，或在任何他认为有必要的时候，仔细地审查记录表。

46.9 在比赛时间结束时核准记录表并在上面签字，终止裁判员对比赛的

第八章　裁判员、记录台人员和技术代表

管理以及裁判员和比赛的联系。裁判员的权力应从预定的比赛开始前20分钟到达比赛场地时开始，当结束比赛的计时钟信号响并被裁判员认可时，裁判员的权力结束。

46.10　在签字之前，在记录表的背面记录：

● 任何弃权或取消比赛资格的犯规。

● 任何队员、球队席人员在早于预定比赛开始前20分钟或者在比赛时间结束和核准记录表并签字之间发生了违反体育道德的行为。在这种情况下，主裁判员与技术代表（如到场）必须向竞赛的组织者送交详细的报告。

46.11　每当有必要或裁判员的意见不一致时做出最终的决定。为做出最终的决定，他可与副裁判员、技术代表（如到场）和（或）记录台人员商量。

46.12　当他在记录表上签字之前，有权批准和运用技术设备（如果提供）决定每节或任一决胜期结束时的最后一投是否在比赛时间内和（或）最后1次投篮算2分还是3分。

46.13　有权对这些规则中未明确规定的任何事项做出决定。

46.14　主裁判员有权在赛前批准和使用即时回放系统（如果提供），当他在记录表上签字之前决定。

裁判手记：

新规则扩大了即时回放系统在比赛中的作用，为精准判罚提供了更为可靠的依据。即时回放系统可以被用在以下三种情形中：

（1）每1节或决胜期结束时的情况。

（2）第4节/决胜期的最后2分钟。

（3）比赛的任何时间。

> **特别提示1**：即时回放系统应用在每节或决胜期的最后时刻：

（1）投篮出手是否在结束比赛的比赛计时钟信号响之前。

（2）比赛计时钟是否还剩和还剩多少时间，当：

● 投篮队员出界违例。

● 进攻计时钟违例。

- 8秒违例。
- 在比赛时间结束之前宣判一起犯规。

> **特别提示2**：即时回放系统应用在当第4节和每一决胜期比赛计时钟显示2:00或少于2:00时：

（1）在投篮出手是否在计时钟响之前。

（2）在宣判犯规前是否投篮出手。

（3）辨认哪名队员使球出界。

> **特别提示3**：即时回放系统应用在比赛的任何时间：

（1）投篮算2分还是算3分。

（2）在比赛计时钟或进攻计时钟失效时，决定如何修正计时钟时间。

（3）辨认正确的罚球队员。

（4）辨认在一起打架中涉及的球队人员和随队人员。

裁判手记：

（1）在即时回放系统使用之前（打架情况除外）裁判员们必须在球场上做出了最初的判罚。

（2）裁判员做出的宣判将只能在回放系统提供裁判员"清晰和确凿的"图像证据时才能更改。

（3）即时回放系统的使用过程中需要遵循：

- 所有回放复审由裁判员们完成。
- 裁判员们首先要从有效的来源收集尽可能最多的信息。
- 出现"意见不一致"的情况时，由主裁判员做出最终决定。
- 上半时结束前或全场比赛结束前使用系统，双方队员都必须在场上。
- 因为系统技术问题，允许花更多时间。
- 系统故障且没有备用系统使用，则不用。
- 使用时，无关人员远离。

● 使用完，主裁判做最后宣判，必要时通知双方教练。

第47条 裁判员的职责和权力

47.1 裁判员有权对不论发生在界线内或界线外（包括记录台、球队席以及紧靠线后的区域）的对规则的违反做出宣判。

47.2 当发生1次违反规则、1节结束或裁判员发现有必要中断比赛时，裁判员应鸣哨。在1次成功的投篮、1次成功的罚球之后或当球成活球时，裁判员不应鸣哨。

47.3 当判定身体接触或违例时，裁判员应在每一个实例中遵循和权衡下列基本原则：

● 规则的精神和意图以及坚持比赛完整的需要。

● 运用"有利/无利"概念中的一致性，裁判员不应企图靠不必要地打断比赛的流畅来处罚附带的身体接触，况且这样的接触没有给有责任的队员以利益，也未置对方队员于不利。

● 在每场比赛中运用常识的一致性，要记住有关队员的能力以及他们在比赛中的态度和行为。

● 在比赛控制和比赛流畅之间保持平衡的一致性，对于参与者们正想做什么以及宣判什么对比赛是正确的，要有一种"感觉"。

47.4 如果其中一队提出抗议，主裁判员或技术代表（如到场）应在比赛时间结束后的1小时内，向竞赛的组织部门报告该抗议。

47.5 如果1位裁判员受伤或因任何其他原因，在事故发生的5分钟内还不能继续执行职责，比赛应继续。剩余的裁判员应一直执裁到比赛结束，除非有符合资格的替补裁判员替换他的可能性。在与技术代表（如到场）商议之后，剩余的裁判员将决定该可能的更换。

47.6 对所有的国际比赛，如果有必要用口语使宣判清楚，则应使用英语。

47.7 每一裁判员有权在他的职责范围内作出宣判，但无权漠视或质问另一（两）裁判员做出的宣判。

47.8 裁判员所做的决定是最终的,不能被争辩或漠视。

第48条 记录员和助理记录员的职责

48.1 给记录员提供记录表,他应登记比赛开始时上场的队员和所有参加比赛的替补队员的姓名和号码。当涉及比赛:

- 开始时上场的5名队员或替换队员的号码违反规则时,他应尽快通知最靠近的裁判员。
- 在积分表上登记投篮和罚球得分。
- 把每名队员的犯规登记在他名下。当登记任一队员第5次犯规时,记录员必须立即通知裁判员。他应把每一教练员的犯规登记在他的名下,当教练员被取消比赛资格,他必须立即通知裁判员。同样,当某队员已发生2次违反体育道德的犯规并应被取消比赛资格时,他必须立即通知裁判员。
- 登记暂停。当某队已提出暂停请求,在出现暂停机会时通知裁判员。当教练员在该半时或决胜期中不再有剩余暂停时,他应通过裁判员通知该教练员。
- 操作交替拥有箭头来指明下1次交替拥有。上半时结束后,由于球队在下半时将交换球篮,记录员应立即调整交替拥有箭头的方向。

48.2 记录员还应:

- 举牌指明每一队员发生犯规的次数,举到双方教练员看到的程度。标志牌上有该队员发生犯规的次数。
- 在1节中,某队第4次全队犯规后,当球成活球时将全队犯规标志放置在记录台上靠近该球队的球队席一端。
- 完成替换。
- 仅当球成死球,并在球再次成活球之前发出信号。记录员的信号声响不停止比赛计时钟或比赛,也不使球成死球。

48.3 助理记录员应操纵记录板和协助记录员。如果记录板和记录表之间的任何差异不能被解决,应以记录表为准,并将记录板做相应的改正。

48.4 如果发现记录错误:

- 在比赛中,记录员必须等到第1次死球时才发出信号。

● 在比赛结束之后和主裁判员签字之前,该错误应被纠正,即使这个改正影响比赛的最终结果。在主裁判员已在记录表上签字之后,该错误不再可能被纠正。主裁判员或技术代表(如到场)必须向竞赛的组织部门送交详细的报告。

第49条 计时员的职责

49.1 应给计时员提供1块比赛计时钟和1块秒表,并且应该:

● 计量比赛时间、暂停和比赛休息期间。
● 保证每节比赛时间结束时自动地发出非常响亮的信号。
● 如果信号失灵或未被听到,他应立即使用任何可能的办法通知裁判员。
● 在第3节开始前至少3分钟时通知球队和裁判员。

49.2 计时员应按下列所述计量比赛时间:

当发生下列情形时开动比赛计时钟:

● 跳球中,球被跳球队员合法地拍击时。
● 在最后1次或仅有1次的罚球不成功,并且球继续是活球,球触及1名场上队员或被他触及时。
● 掷球入界中,球触及1名场上队员或被他触及时。

当发生下列情形时停止比赛计时钟:

● 在每节比赛结束的时间终了但比赛时钟没有自动停止时。
● 活球中裁判员鸣哨时。
● 某队已请求暂停,对方队投篮得分时。
● 在第4节和每一决胜期比赛计时钟显示为2:00或少于2:00投篮得分时。
● 某队控制球时24秒计时钟响起信号时。

49.3 计时员应按下列所述计量暂停:

● 裁判员鸣哨并给出暂停手势,立即开动秒表。
● 当暂停已走过50秒钟时发出信号。
● 当暂停已结束时发出信号。

49.4 计时员应按下列所述计量比赛休息时间:

● 先前的1节已结束,立即开动计时装置。

- 在第1节和第3节之前，距该节开始剩余3分钟、1分30秒钟时发出信号。
- 在第2节、第4节和每一决胜期之前，距该节开始剩余30秒钟时发出信号。
- 当比赛休息期间结束时，发出信号并同时立即停止秒表。

第50条　进攻计时员的职责

应给24秒钟计时员提供一个24秒计时钟，并按下列要求操作。

> **2017规则修改提示：**
>
> 应给进攻计时员提供一个进攻计时钟，并按下列要求操作。

50.1　当发生下列情形时，则不开始一个新的24秒钟周期：
- 某队在场上获得控制活球时。
- 在掷球入界中，球触及或者被场上任何队员合法触及时。
- 开动或重新开动24秒计时钟。
- 如果对方仅仅是触及球，而原控制球队仍然控制球时。

> **2017规则修改提示：**
>
> 50.1　当发生下列情形时，则不开始一个新的进攻周期：
> - 某队在场上获得控制活球时。
> - 在掷球入界中，球触及或者被场上任何队员合法触及时。
> - 如果对方仅仅是触及球，而原控制球队仍然控制球时。
> - 开动或重新开动进攻计时钟。

第八章 裁判员、记录台人员和技术代表

> 新规则对此条款的注释，第三条和第四条作了换位处理。

50.2 每当裁判员由于下列原因鸣哨：

● 一次犯规或者违例（不是因为非控制球的球队使球出界）。

● 比赛因与控制球的球队无关的行为被停止。

● 比赛因与双方球队无关的行为被停止，除非对方会被置于不利。

（1）如果处于下列情形中，则24秒计时钟应停止，然后复位至24秒钟或无显示：

☆ 球合法地进入球篮。

☆ 球触及对方球篮的篮圈（球夹在篮圈和篮板之间除外）。

☆ 该队获得后场掷球入界球权。

☆ 该队获得罚球。

☆ 控制球队发生了违反。

> **2017规则修改提示：**
>
> （1）如果处于下列情形中，则进攻计时钟应停止，然后复位至24秒钟或无显示：
>
> ● 球合法地进入球篮；
>
> ● 球触及对方球篮的篮圈（球夹在篮圈和篮板之间除外）；
>
> ● 该队获得后场掷球入界球权：
>
> ☆ 作为一次犯规或违例的结果；
>
> ☆ 比赛因与控制球队无关的行为被停止；
>
> ☆ 比赛因与双方都无关的行为被停止，除非对方会被置于不利；
>
> ● 该队获得罚球；
>
> ● 控制球队发生了犯规。

（2）如果判给原先已经控制球的队在前场掷球入界，并且24秒计时钟显示的是14秒或者多于14秒时，24秒计时钟应停止，但不复位到24秒。

（3）如果判给原先已经控制球的队在前场掷球入界，并且24秒计时钟显示的是13秒或者少于13秒时，24秒计时钟应停止，并复位到14秒。

50.3 每当因为发生如下情形而将球判给原先已控制球的队掷球入界时，24秒计时钟应停止，但不复位：

> **2017规则修改提示：**
> "24秒计时钟"改为"进攻计时钟"。

- 球出界。
- 1名同队队员受伤。
- 1次跳球情况。
- 1次双方犯规。
- 判给双方球队的相等罚则相互抵消。

50.4 在任一节中，每当球成死球，并且比赛时钟停止时，因为如下情形发生，应关闭24秒计时钟：

- 任一队获得新的控制球，并且比赛计时钟显示少于24秒。
- 在前场，24秒计时钟需要被复位到14秒，并且比赛计时钟显示少于14秒。

24秒钟装置的信号不停止比赛计时钟或比赛，也不使球成死球（某队正控制球除外）。

附录1
排名规则变化

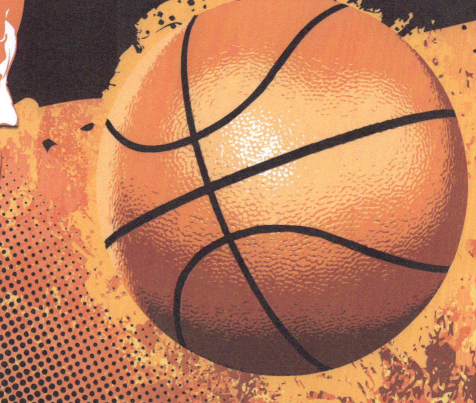

最新篮球规则图解

1.同积分球队之间的排名顺序依次为：

● 同积分球队之间的胜负关系（如遇3个或3个以上的队积分相同时，则需要另外制表，也就是大积分相同的球队之间再算小积分）。

● 同积分球队之间的净胜分（原来是得失分率）。

● 同积分球队之间的总得分（原先直接考虑组内得失分率）。

● 同积分球队组内的净胜分。

● 同积分球队组内的总得分。

2.若应用第1条的方法后仍决定不了排名，才采取抽签的方案决定排名次序。

特别提示：新规则对于同积分球队之间的排名顺序给出了更为合理的排列方式。

在同积分球队之间的胜负关系仍无法判定排名顺序时：

旧规则：同积分球队之间的得失分率——→同积分球队组内得失分率。

新规则：同积分球队之间的净胜分——→同积分球队之间的总得分。

附录2
裁判员手势变化

最新篮球规则图解

1.调整了手势图的顺序

新规则手势图的顺序为：

- 比赛时钟信号
- 得分
- 暂停和替换
- 提供信息（新增）
- 违例
- 队员的号码
- 犯规的类型
- 特殊犯规
- 向记录台报告罚则
- 罚球管理

2.新增的手势

（1）媒体暂停

张开双臂，紧握拳头

附录2 裁判员手势变化

（2）用手推挡　　　　　　　　　（3）对手的非法接触

抓住手掌向前移动

掌击另一只前臂

特别提示：常用于投篮动作中接触发生在手臂上。

（4）击头

模仿拍击头部

123

（5）宣判犯规后的动作

● 对投篮动作的犯规

单臂握拳举起，随后指示罚球次数

● 对非投篮动作的犯规

单臂握拳举起，随后指向地面

附录2 裁判员手势变化

3. 发生变化的手势

（1）犯规停表手势

新规则：一拳紧握　　　　　　旧规则：一拳握紧，另一掌心向下指犯规者腰部

（2）替换

新规则：需先做停表手势，再前臂交叉　　旧规则：直接前臂交叉

（3）暂停

新规则：需先做停表手势，再双手成T字形，用食指表示

旧规则：直接双手成T字形，用食指表示

特别提示：新规则的暂停手势的指示位置在胸前。

（4）可见的计算

新规则：挥动手掌计数

附录2 裁判员手势变化

旧规则：手指显示计数

（5）比赛方向和（或）出界

新规则：指向比赛方向，手臂与边线平行，用2根手指指示

127

最新篮球规则图解

旧规则：用1根手指指示

（6）争球/跳球情况

新规则：先做停表的手势，再两拇指向上，随后指向拥有箭头方向

附录2 裁判员手势变化

旧规则：双手拇指向上，随后手指指向交替拥有箭头的方向

（7）3秒钟

新规则：一手伸出3根手指，然后从体侧大腿处抬起到身前

旧规则：伸出手臂，指示3指

特别提示：新规则中3秒违例手势明确了一手伸出3根手指，然后从体侧大腿处抬起到身前。

（8）球回后场

新规则：身前摆动手臂

附录 2　裁判员手势变化

旧规则：摆动手臂，以食指来回指前后场

（9）队员的号码（0号、00号、16～19号、20号以上）

新规则：允许使用0号、00号和1～99号。

旧规则：只允许使用4～15号。

> **特别提示**：新规则号码的手势与旧规则号码的手势区别在于，16～19号的打法分两个节拍与20号以上的号码打法统一起来，但原10～15号打法不变。

● 00号（新增）　　　　　　　● 0号（新增）

最新篮球规则图解

- 16号

首先手背朝外示1号代表十位数；然后手掌朝外示6号代表个位数

- 24号

首先手背朝外示2号代表十位数；然后手掌朝外示4号代表个位数

附录 2　裁判员手势变化

（10）非法用手

新规则：击打腕部

旧规则：以拳击掌的腕部

特别提示：非法用手常用于接触发生在腰部及以下的犯规情形。

（11）技术犯规

新规则：双手手掌成T字形　　旧规则：双手手掌成T字形

特别提示：新规则的技术犯规裁判手势有变化。
旧规则：手心向外。
新规则：手心向侧。

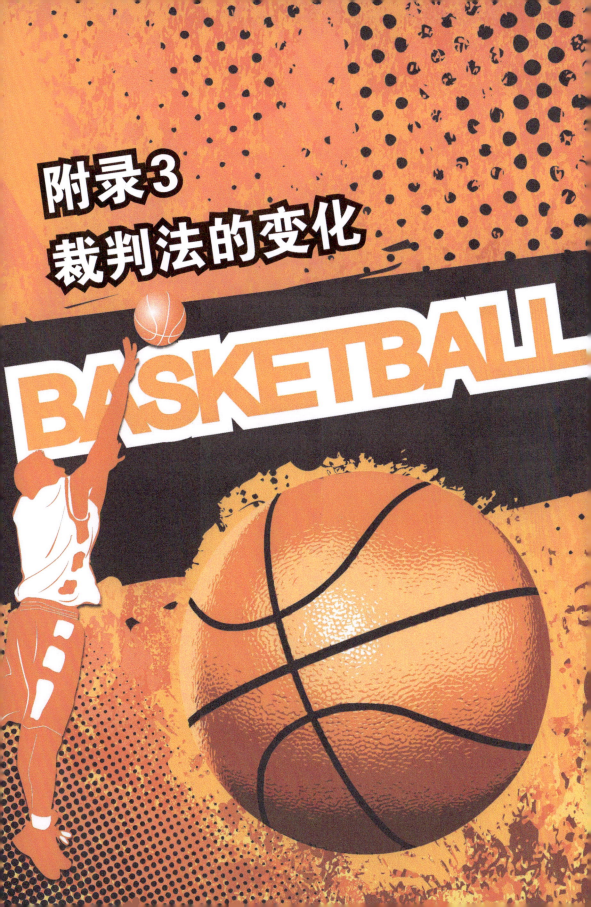

最新篮球规则图解

提醒哨：当在前场的端线执行掷球入界时，执行裁判员应在球置于掷球入界队员可处理球前鸣哨。

方法及要领：

1. 指明掷球入界地点。

2. 确保掷球入界队员在正确的地点。

3. 在球置于掷球入界队员可处理之前鸣哨。

4. 将球反弹或递交给掷球入界队员。

5. 只在前场端线掷球入界时有效。

附录4 三人篮球规则

国际篮联的篮球竞赛规则适用于未在此三人篮球竞赛规则中特别提及的所有情况。

第1条　场地和用球

比赛应在拥有一个球篮的3×3篮球场地上进行。标准的3×3篮球场地面积应为15米×11米。场地应提供一个标准篮球场尺寸的区域，包括一条罚球线（5.80米）、一条2分球线（6.75米）以及球篮正下方的一个"无撞人半圆区"。可使用传统篮球场的半场。

所有级别比赛统一使用6号球。

> **特别提示：** 草根级别的比赛可以在任意场所中进行；如果使用带有标线的场地，则标线应根据场地条件做相应调整。

第2条　球队

每支球队应包括4名队员，其中3名为场上队员，1名为替补队员。

第3条　比赛裁判

比赛裁判应由1名或2名裁判员和计时员/记录员组成。

第4条　比赛开始

4.1　比赛开始前，双方球队应同时进行热身。

附录4 三人篮球规则

举例说明：

比赛规定开始时间到时，A队在场地上准备比赛的队员少于3名：

（a）A队的代表能够为该队队员的迟到提供一个合理且可以接受的解释。

（b）A队的代表不能够为该队队员的迟到提供一个合理且可以接受的解释。

规则解读：

比赛开始最多被延迟15分钟。如果缺席的队员在15分钟之内到达场地并做好比赛的准备：

（a）比赛应开始，并不给予任何处罚。

（b）应判给A队教练员一次技术犯规，B队应获得1次罚球，然后比赛以跳球开始。

在这两种情况下，如果缺席的队员在15分钟之内没有到达场地并准备比赛，那么应判给A队弃权使比赛告负。

4.2 双方球队以掷硬币的方式决定第1个球权。获胜一方可以选择拥有比赛开始时的球权或拥有可能进行的决胜期开始时的球权。

举例说明：

主裁判员通过抛硬币确定比赛开始的球权归属，A队和B队分别挑选正面和反面，根据抛硬币结果判得A队或者B队先掷球入界，掷球入界者即拥有第一次球权。

4.3 每支球队必须有3名队员在场上才能开始比赛。

举例说明1：

比赛规定开始时间到时，A队在场地上准备比赛的队员少于3名：

（a）A队的代表能够为该队队员的迟到提供一个合理且可以接受的解释。

（b）A队的代表不能够为该队队员的迟到提供一个合理且可以接受的解释。

规则解读：

比赛开始最多被延迟15分钟。如果缺席的队员在15分钟之内到达场地并做好比赛的准备：

（c）比赛应开始，并不给予任何处罚。

（d）应判给A队教练员一次技术犯规，B队应获得1次罚球，然后比赛以跳球开始。

在这两种情况下，如果缺席的队员在15分钟之内没有到达场地并准备比赛，那么应判给A队弃权使比赛告负。

举例说明2：

在下半时开始时，A队因为队员受伤、被取消比赛资格等原因没有3名有资格参赛的球员到达场地。

附录4 三人篮球规则

> **规则解读：**
>
> 有至少3名球员到场的职责仅在比赛开始时有效，A队可以在少于3名队员的情况下继续比赛。

 第5条 得分

5.1 在圆弧线以内投篮中篮得1分。

5.2 在圆弧线以外投篮中篮得2分。

5.3 罚球中篮得1分。

> **举例说明1：**
>
> A1在圆弧线（3分线区域）以内出手。球在向上飞行时被：
> （a）一名进攻队员；
> （b）一名防守队员；
> 在A队圆弧线以内（2分投篮区域）跳起合法触及，随后球继续飞行进入篮筐。

> **规则解读：**
>
> 两种情况中，A1的投篮是从3分投篮区域出手的，A队应得1分。

举例说明2：

A1在圆弧线以外（3分线以外）投篮出手。球在向上飞行时被B1从A队圆弧线区域跳起合法触及，随后球继续飞行进入篮筐。

规则解读：

A1的投篮是从圆弧线以外的区域出手的，A队应得2分。

第6条　比赛时间/胜者

6.1　规定的比赛时间如下：

每节10分钟。在死球状态下和罚球期间应停止计时钟。在进攻队和防守队完成1次传递球后，一旦进攻队接到回传球应重新开动计时钟。

6.2　在规定的比赛时间结束之前，率先得到21分或以上的球队获胜。该规则仅适用于规定的比赛时间（而不适用于可能发生的决胜期）。

6.3　如果比赛时间结束时比分相等，则应进行决胜期。决胜期开始前应有1分钟的休息时间。决胜期中率先得到2分的队获胜。

6.4　如果在预定的比赛开始时间球队不到场，或不能使3名队员入场准备比赛，则判该队由于弃权使比赛告负。如果比赛因弃权而告负，比赛得分应记录为W-0或0-W（"W"代表胜）。

特别提示：4.3和6.4仅适用于3×3世界巡回赛、全明星赛、各大洲际锦标赛、世界锦标赛和奥运会。

6.5 如果某队在比赛结束前离开比赛场地，或该队所有的队员都受伤了和（或）被取消了比赛资格，则判该队因缺少队员使比赛告负。如果发生因缺少队员使比赛告负的情况，胜队可以选择保留该队的得分或使比赛因弃权而告负的得分，在任何情况下因缺少队员使比赛告负的队得分应登记为0分。

6.6 某队因缺少队员告负或以不正当的方式弃权而告负，将取消该队在整个联赛中的比赛资格。

> **特别提示**：在没有比赛计时钟的情况下，由组委会决定比赛的时长。国际篮联建议采取与比赛时长一致的得分限制（10分钟/10分；15分钟/15分；20分钟/21分）。

 第7条　犯规/罚球

7.1 在某队犯规达到6次后，该队处于全队犯规处罚状态。在某队犯规达到9次后，随后的任何犯规都被认为是技术犯规。为避免疑义，依据规则第15条，基于侵人犯规的次数，队员不被逐出场外。

> **2017规则修改提示：**
>
> 7.1 在某队犯规达到6次后，该队处于全队犯规处罚状态。在某队犯规达到9次后，随后的任何犯规都被认为是技术犯规。~~为避免疑义，依据规则第15条，基于侵人犯规的次数，队员不被逐出场外。~~

7.2 对在圆弧线以内做投篮动作的队员犯规，应判给1次罚球；对在圆弧线以外做投篮动作的队员犯规，应判给2次罚球。

举例说明1：

A1持球运球突破上篮，B1防守过程中侵犯A1圆柱体从而被判罚防守犯规。

规则解读：

B1在对在圆弧线以内做投篮动作的A1队员打手犯规，A1获得1次罚球。

举例说明2：

A1在圆弧线以外持球进行三分试投，B1补防被判得打手犯规。

规则解读：

B1在对圆弧线以外做投篮动作的A1队员打手犯规，A1获得2次罚球。

7.3 对在做投篮动作的队员犯规，球中篮，得分有效，追加1次罚球。

举例说明1：

A1持球运球突破上中篮，同时B1防守过程中侵犯A1圆柱体从而被判罚防守犯规。

规则解读：

A1进球有效。A队总得分加1分，B1在对在圆弧线以内做投篮动作的A1队员打手犯规，A1获得1次罚球。

举例说明2：

A1在圆弧线以外持球进行三分投篮球进，同时B1补防被判得打手犯规。

规则解读：

A1进球有效，A队总得分加2分。B1在对在圆弧线以外做投篮动作的A1队员打手犯规，A1获得1次罚球。

7.4 某队全队犯规的第7～9次总是判给对方2次罚球。第10次和随后的全队犯规以及技术犯规和违反体育道德犯规总是判给对方2次罚球和球权。这条也应用于对一个正在做投篮动作队员的犯规，但不按照7.2和7.3判罚。

举例说明：

A1运球突破并且未作出投篮动作，B1防守随后冲撞到运球突破到内线的A1，B1被判得阻挡犯规。

> **规则解读：**
>
> 在B队全队犯规达到6次后，B1被判得阻挡A1进攻路线犯规，即是B队全队犯规的第7次犯规，A1获得两次罚球的机会。

7.5 由违反体育道德的犯规或技术犯规得到的最后1次罚球之后，球权保留，比赛将在场地顶端的圆弧线外，以进攻队与防守队队员之间的传递球方式继续比赛。

> **2017规则修改提示：**
>
> 7.5所有技术犯规将判罚给对方1次罚球以及随后的球权；违反体育道德犯规将判罚给对方2次罚球以及随后的球权。完成技术犯规或违反体育道德犯规的罚球后，比赛将以防守队与进攻队员之间在场地顶端圆弧外传递球方式继续进行。

> **举例说明1：**
>
> A1正切入篮下，此时防守队员B1在与其他队员之间没有任何身体接触或者可以忽略的身体接触向后倒在地板上进行戏剧性表演。对于这样的行为，给B队队员警告的同时，也要警告B队教练。

> **规则解读：**
>
> 这样带有非常明显违反体育道德和破坏比赛流畅

附录 4　三人篮球规则

进行色彩的行为，应宣判B1一次技术犯规。A队获得一次罚球以及随后的球权。

举例说明2：

在判得B1防守犯规（B队全队犯规未达到6次）以后，B1队员无视裁判员之前的一次警告，对裁判员、技术代表、记录台人员或对方队员交流中没有礼貌，B1应被追加一次技术犯规。

规则解读：

这样带有非常明显违反体育道德和破坏比赛流畅进行色彩的行为，应宣判B1一次技术犯规。A队获得一次罚球以及随后的球权。

 第8条　如何打球

8.1 在每1次投篮中篮或最后1次罚球中篮后（不包括7.5）：

举例说明：

A1持球突破中篮得1分，B队队员B1或者B2运球或者传球到圆弧线外进行进攻。

147

> **规则解读：**
>
> A1突破中篮后，A队任何队员不可以再触碰球，也不可以在篮下的"无撞人半圆区"内抢球。当B队队员将球运出或者传出"无撞人半圆区"之后，A队队员才可以正常防守。

非得分队的1名队员在场内球篮正下方（而非底线后）将球运至或传至场地圆弧线外的任意位置重新开始比赛。此时，防守队不得在球篮下的"无撞人半圆区"内抢断球。

8.2 在每1次投篮没有中篮或最后1次罚球没有中篮后（不包括7.5）：

如果进攻队抢到篮板球，则可以继续投篮，不需要将球转移至圆弧线外。如果防守队抢到篮板球或者抢断了球，则必须将球转移至圆弧线外（通过运球或传球的方式）。

> **举例说明：**
>
> A1持球突破上篮不中，B队队员和A队队员同时拼抢篮球板进行进攻。

> **规则解读：**
>
> A1持球突破上篮后，A队队员和B队队员进行拼抢篮板球，若A队队员先抢到进攻篮板球，A队队员可以继续进攻，不用将球运至或传至圆弧线以外重新组织进攻。若A1队员持球突破上中篮，B队任何队员不可以再触碰球，也不可以在篮下的"无撞人半圆区"内抢球。当B队队员将球运出或者传出"无撞人半圆区"之后，A队队员才可以正常防守。

附录4 三人篮球规则

8.3 任何死球状态下给予任一队的球权，应在场地顶端的圆弧线外，以（进攻队与防守队）队员之间的传递球方式开始比赛。

8.4 若队员的双脚都不在圆弧线内，也没有踩踏圆弧线，则被认为"处于圆弧线外"。

8.5 出现跳球情况时，球权判给防守队。

> **2017规则修改提示：**
>
> 8.3 如果防守队抢断球或者封盖投篮，获得球后必须将球转移回弧线外发动进攻（通过传球或运球的方式）。

> **举例说明：**
>
> A队队员A1组织进攻，A1传球被B1队员抢断，B队队员不能就地组织进攻，需要将球运出或者传出圆弧线以外重新组织进攻。
>
> 8.4 死球状态下给予任一队的球权，应以在场地顶端的圆弧外交换球开始。即：一次场地顶端圆弧外（防守队与进攻队队员之间）的传递球。

> **举例说明：**
>
> A1持球组织进攻，A1将球传到内线A2手中，A2持球突破上篮在B2防守干扰下运球失误，球出端线。

规则解读：

裁判员判得B队球权，B队发球之前应先将球传给A队队员A1，接A1的回传球进行发球，B队队员B1应在场地顶端弧线外发球至其他队友手中。

8.5 若队员的双脚都不在圆弧线内，也没有踩踏圆弧线，则被认为"处于圆弧线外"。

举例说明：

A1持球突破急停跳投中篮，B1将球运出或者传出圆弧线以外（3分线以外）。

规则解读：

B1将球运出或者传出圆弧线以外（3分线以外），B1运球出圆弧线（3分线以外），B1双脚要完全在圆弧线以外，不可以踩到或者一只脚在圆弧线内、另一只脚在圆弧线外。

8.6 出现跳球情况时，球权判给防守队。

举例说明：

A1进行3分投篮，球未中，A2和B2在争抢篮板球的过程中，双方同时按住球，此时裁判员判A2与B2争球。

附录4 三人篮球规则

> **规则解读：**
>
> 比赛开始阶段，主裁判员通过抛硬币的方式判得A队先发球，此时出现双方争球的情况，裁判员将球权判给防守一方B队。
>
> 新规则添加了8.3，原8.3改为8.4，原8.4改为8.5，原8.5改为8.6。

 第9条 拖延比赛

9.1 拖延或主动地消极比赛（例如不尝试得分）应判违例。

9.2 如果比赛场地装备了投篮计时钟，则进攻队必须在12秒之内尝试投篮。一旦进攻队持球（在和防守队传递球后，或在球篮下方得分后），12秒计时钟应立刻开始计时。

> **特别提示：** 如果比赛场地没有装备12秒投篮计时钟，并且某队消极比赛，裁判员应以最后5秒倒计时报数的方式警告该队。

 第10条 换人

当球成死球时并且进攻队尚未与防守队队员之间传递球前，允许任一队替换球员。替换上场的队员在他的队友离开场地，并与他发生身体接触后，方可进入场地。换人只能在球篮对侧的端线外进行。替换队员无需告知裁判员和记录台人员。

> **2017规则修改提示：**
>
> 　　第10条　当球成死球并且防守队与进攻队队员之间完成传递球或执行罚球之前，允许任一队替换球员。替补队员在其队友离开场地并与之发生身体接触后，方可进入场地。替换只能在球篮对侧的端线外进行，替换无需临场裁判员或记录台裁判员发出信号。

> **举例说明：**
>
> 　　A1队员三分投篮，B2队员在抢篮板过程中将球打出端线，此时可替换球员。

> **规则解读：**
>
> 　　A4队员准备替换A1队员，A4站在球篮对侧的端线外，当A1和A4发生身体接触后，A4可以进入场地参加比赛。

 第11条　暂停

每队拥有1次30秒的暂停。在死球状态下，1名队员可以请求暂停。

 第12条　抗议程序

如果某队认为裁判员的某个宣判或比赛中发生的任何事件损害了该队的利

益,则必须按照以下程序进行抗议:

12.1 该队1名队员在比赛结束后、裁判员签字前,应立刻在记录表上签字。

12.2 该队应于赛后30分钟内提交一份文字说明并且把200美元保证金交给竞赛主任。如果抗议被采纳,则该笔保证金予以退回。

12.3 比赛录像仅用于决定最后1次投篮是否于比赛结束前出手以及(或者)该投篮应该得1分或2分。

第13条 队伍排名

无论分组排名或整体排名,均遵循以下步骤决定。如果双方在13.1的比较后积分仍然持平,则进行13.2的比较,以此类推。

13.1 获胜场次最多(或比较不同比赛场次的胜率)。

案例:

对阵情况说明:

对阵双方	比分	对阵双方	比分
A vs B	100∶90	B vs C	96∶86
A vs C	105∶85	B vs D	92∶87
A vs D	110∶100	C vs D	90∶82

积分情况说明:

球队	场数	胜	负	积分
A	3	3	0	6
B	3	2	1	4
C	3	1	2	2
D	3	0	3	0

因此:第一名A 第二名B 第三名C 第四名D

13.2 积分持平双方彼此之间的交手记录(仅考虑胜负,仅适用于分组排名)。

案例：

对阵情况说明：

对阵双方	比分	对阵双方	比分
A vs B	100：105	B vs C	96：86
A vs C	105：85	B vs D	92：87
A vs D	110：100	C vs D	90：82

积分情况说明：

球队	场数	胜	负	积分
A	3	2	1	5
B	3	2	1	5
C	3	1	2	2
D	3	0	3	0

因此：第一名A（A胜B）　　第二名B　　第三名C　　第四名D

13.3　场均得分最多的（不包括因对方弃权而获胜的得分）。

如果上述三个步骤的比较后双方仍平分，排名高的种子队为胜者。

第14条　种子队的规定

球队依据相关的排名积分被选为种子队（在比赛前这个队的3名最好队员排名得分的总和）。如果排名分数相同，在比赛开始前种子队将被随机决定。

第15条　取消比赛资格

在比赛中，1名队员发生了2次违反体育道德犯规将被裁判员和比赛组织者取消比赛资格。在这里特别规定，竞赛组织者将取消那些出现暴力行为、身体和语言上的攻击行为、影响比赛结果、违反国际篮联反兴奋剂条例（国际篮联内部条例第四篇）或国际篮联的道德准则（国际篮联内部条例第一篇第二

章）的队员比赛资格。竞赛组织者有权根据其他球队成员的参与和违反的程度（包括没参与这些行为的队员）取消全队的参赛资格。国际篮联有权力在赛事管理体系内强制执行纪律上的裁决。依据第15条做出的取消比赛资格不影响相关条款和国际篮协内部条令。

三人篮球比赛记录表

FEDERATION INTERNATIONALE DE BASKETBALL
INTERNATIONAL BASKETBALL FEDERATION
FIBA 3x3 SCORESHEET

Team A _____ Team B _____

Competition _____ Date _____ Referee _____
Game No. _____   Time _____ Court _____

Team A _____

Time-out	Team fouls
☐	1 2 3 4 5 6 7

Players	No.	Fouls
		1 2 3 4

Team B _____

Time-out	Team fouls
☐	1 2 3 4 5 6 7

Players	No.	Fouls
		1 2 3 4

Scorer _____
Timer _____
12" Operator _____

Running Score

A	B	A	B
1	1	13	13
2	2	14	14
3	3	15	15
4	4	16	16
5	5	17	17
6	6	18	18
7	7	19	19
8	8	20	20
9	9	21	21
10	10	22	22
11	11	23	23
12	12		

Score   A _____ B _____
Overtime   A _____ B _____

Final Score A _____ B _____

Name of winning team
_____

Referee _____